京都 町家の老舗

はり絵・出井豊二
文・宇野日出生

宮帯出版社

はじめに

京都には歴史に彩られた老舗が多い。しかし古い町家のかたちをそのまま継承しつつ、商売を続けているところは意外と少ない。それは使い勝手の問題や老朽化、さらに耐震性などさまざまな理由で、持ちこたえられなくなっているからである。どんどんと最新の建造物と化しているが、仕事そのものは伝統をしっかりと引き継いでいる店の多いことは、いうまでもない。

本書のねらいは、あくまで古体を残す文化財としての町家に限定しているところに、大きな特徴がある。しかもその原形をはり絵という手法で表現している点に着目していただきたい。単に写真で紹介する企画でないところに、大きな視点が存在する。それは、はり絵であるからこそ、町家が有する建物としての深みやあたたかさを描き手の美意識を通して、あらわすことができるからだ。

さらにその説明となる一文においては、老舗の歩みはもちろん、現当主の思いや生きざまをできうる限りありのままに記している。取材中には、プライベートなことを随分とお聞きしたが、親切丁寧にお答えいただいたことが印象に残る。

本書は楽しみながら町家の老舗というものを知ってもらいたいところにある。町中を散策するなかで古い町家に出くわした時、本書のはり絵や解説を思い起こしていただければ幸いである。

目次

松野醤油《まつのしょうゆ》

☎ 075-231-1584
京都市北区鷹峯土天井町21
営 9:00〜18:00 休 無休（盆・正月は休み） P 7台

古い建物にこそ醤油づくりのわざが冴える

醤油の老舗。創業は文化二年（一八〇五）で、現在の当主で十三代目という。家屋は嘉永二年（一八四九）に建てられたもので、今も変わることなく使われている。

松野家には、江戸時代から明治時代にかけての古文書も残っており、醤油醸造業を長きにわたって営んだ歴史が刻まれている。松野家は代々新九郎を名乗り、七代目新九郎乾重の時に醤油造りを始めたという。以後、松野醤油は乾重の代から松野家分家として商売を軌道に乗せて、現在に至っている。

醸造業として醤油や味噌などを扱うが、主たる醤油の大半はこいくちが占め、うすくちは料理屋さんなどの得意先にも納品している。今ももろみの仕込みは、朝四時から始まる。昔は釜を使っていたので大変だったが、昨今はボイラーの使用によって随分と楽になったという。でも肝心の室《むろ》でつくる麹《こうじ》造りは、昔ながらの製法だ。室に整然と居並ぶ麹蓋《こうじぶた》は、実に圧巻そのものだ。当主の松野傳吉さんはいう。古い建物での仕事だが、この構えは夏向きにできている。自然に適した建物のなかで、昔ながらの製法のなかにこそ伝統の風味が生まれるのだと。醤油・味噌造りにかける心意気を強く感じた。

文久三年（一八六三）に描かれた初代松野乾重の肖像画（どことなく当主に似ている）

ゑびす屋加兵衛《えびすやかへえ》

☎ 075-781-0639
京都市左京区下鴨松原町13
営 9:00〜19:00 休 月 P なし

神さまの膝もと 名物のお餅

往時を偲ばせる提灯箱、右端は蠟燭箱（大正元年新調）

和菓子の老舗。創業は大正五年（一九一六）、現在の当主は三代目にあたる。初代の宮崎由太郎、二代目重雄、三代目義治と続く。当主は「鴨長兵衛」を名乗り、「加兵衛」を屋号とする。宮崎家は下鴨神社神域の農家だったが、由太郎の代から地元に伝わっていた餅菓子を基に考案し、下鴨神社の由来にちなんで「矢来《やき》餅《もち》」と命名した。以来、当店の焼き餅は下鴨の名物として知られるところとなった。

ゑびす屋加兵衛の朝は、五時から始まる。まず餅米を蒸すが、近年は機械化の流れのなかで、燃料が石炭から灯油、そしてガスへと変わっていった。忙しさは午前中で一段落するが、全て手作りのため、午後も仕事は続く。餅米は品質の差が著しいため、気を遣わねばならないし、餡も作り置きができない。家族四人の手による焼き餅づくりであるために、おのずと量的に限界があるという。

四代目は長女の愛美《まなみ》さんが継ぐ。その訳は、祖父母が熱い鉄板の前でお餅を焼く姿を見て、しっかり残していきたいと思ったからだ。

家族の絆と仕事への情熱が、おいしい焼き餅づくりにつながっているのだと感じた。

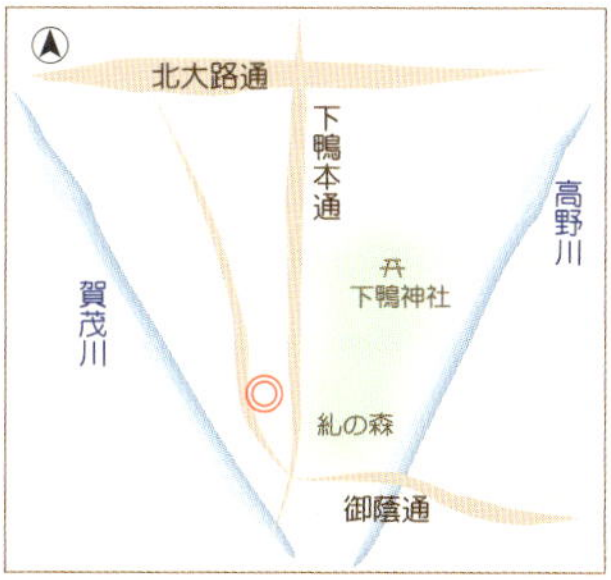

お茶屋から豆腐懐石の店へ

元お茶屋「吉田屋」の建物。現在は豆腐懐石の料理屋「くろすけ」として使われている。吉田屋は、明治時代初期から四代続いた上七軒では格式の高いお茶屋だった。しかし廃業後も、建物や調度品は当時のままで現在の料理屋に生まれ変わった。

そのまま残る吉田屋の頃の調度品（右上は提灯箱、正面は火鉢）

今は株式会社くろちくが経営する飲食店舗の一つだが、現在でも舞妓・芸妓さんとのお茶屋遊びが楽しめる。したがって元お茶屋であった時の空間を体感できるよう、建物の保全を確かなものとし、家具・掛け軸・額装といったものに至るまで、往時と変わらぬようにしつらえてある。やむなく改装した部分は、調理のための厨房である。かくして「上七軒くろすけ」と名付け、平成十二年（二〇〇〇）四月に開業となった。

対応は、村山真由美さん（くろちく総合研究所）と達野《たつの》文子《ふみこ》さん（くろすけマネージャー）がしてくださった。村山さんは建物管理の担当で、設備の老朽化や不具合の対応が大変だと指摘する。達野さんは日々店内にて活躍する方だ。古い建物なので隙間が多くて空調が効きにくい。また狭い廊下や三階までの配膳には、大変気を遣うという。でもこのような伝統ある建物の良さと料理のすばらしさが相まって、客にこのうえもない満足感を与えてくれているのだ。

上七軒のもてなしの文化、すなわちお茶屋の文化をしっかりとこの店は受け継いでいるのだと感じた。

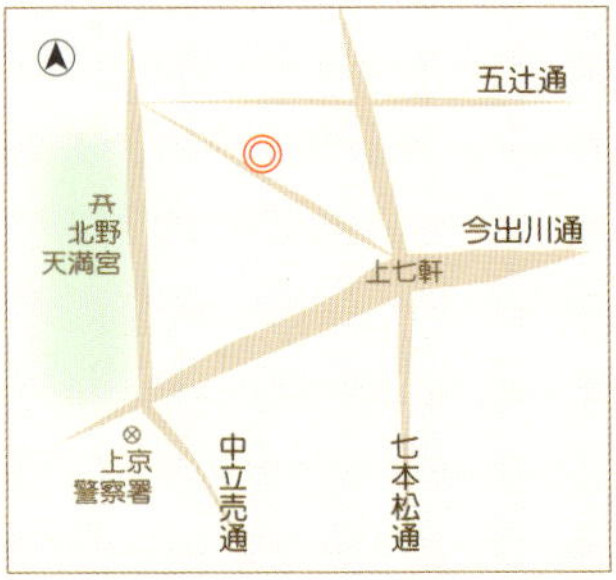

旧吉田屋《きゅうよしだや》

（上七軒くろすけ）

☎ 075-466-4889
京都市上京区今出川通七本松西入真盛町669
営 昼11:30〜14:30 夜17:00〜21:30 休 火 P なし

帯に織り込まれる
老舗の思い

景観重要建造物
歴史的風致形成建造物

帯屋捨松《おびやすてまつ》

☎ 075-432-1216
京都市上京区笹屋町大宮西入桝屋609
営 8:30〜17:30 休 土・日 P なし

帯の老舗。創業は安政年間（一八五四〜六〇）といわれており、初代は秋月宗全、二代目は木村弥三郎、三代目は木村捨松へと続く。捨松は明治二年（一八六九）生まれで、この頃から帯づくりにかかわる詳しいことがわかってくる。社名については、昭和十五年（一九四〇）以降「木村捨織物所《きむらすておりものしょ》」、同三十年（一九五五）からは、現行の「帯屋捨松」に改名した。四代目は晴三、五代目は登久次、六代目は四郎、そして現在の七代目博之さんへと続く。

　明治時代後期、三代目捨松の時には手広く商いをした。機織機は約二〇〇台、織手もその同数以上いて、大衆向けの帯も織っていた。西陣のなかでも指折りの規模を誇ったという。ところが終戦後、事態は急変した。世は着物から洋服へと一変したためだった。昭和三十年代より事業は縮小、帯づくりは量より質へと転換した。また一部分は、海外（中国）でも織るようになった。織り方には、手機織りと織機織りの二タイプあるが、手機織りにこだわるのは、西陣では帯屋捨松のみである。現在四〇種類程の帯を扱っており、多くの問屋と取引をする。

　七代目の博之さんはいう。昔からここで生活をしてきた。この町家の機能を大切にしつつ、感性ある帯づくりの仕事に励みたいと。確かに高級な帯ばかりではあるが、多くの人に見てもらい、新たなお客も増やしたいと力説する。帯のなかに、つくり手の篤い思いが深く織り込まれているのだと感じた。

江戸時代に使っていた糸繰り機

創意工夫に徹した豆腐への道

豆腐の老舗。創業は明治三十年(一八九七)。初代の山本粂造《くめぞう》が、北野天満宮の旧門前町に豆腐屋を始めた。粂造は修業した店が廃業となったため、独立したというのが真相だ。当初は「山本豆腐店」という名前だった。二代目は山本市平《いちへい》で、三代目が現在の当主の山本久仁佳《くによし》さんである。久仁佳さんは我が国の食の神について勉強した。そして伊勢神宮の外宮に祀られる神様、すなわち食物・穀物を司る神様たる豊受大神《とようけのおおかみ》の名前から、店名を「とようけ食品」とし、さらに「とようけ屋山本」と改名し、平成十年(一九九八)から現行の「とようけ屋」とした。

「とようけ屋」は多品目の豆腐や関連食品を製造しているため、二十四時間、常に社員が店舗で働いている。釜の火力も当初は薪だったが、石炭からバーナー、そして蒸気釜へと進化した。今は最新の機器を駆使し、先端の技術でもって製造に励んでいる。

久仁佳さんは、豆腐がもつ生活観を変えた人だ。おぼろ豆腐・黒豆豆腐・青じそ入り豆腐など、バラエティー豆腐を世に送り出した。多種多品目の豆腐や関連食品は、その感性と味の良さからたちまち注目された。豆腐に対する基本は大切にしつつも、創意工夫を怠らなかったことが現在の成功へとつながっている。久仁佳さんはいう。失敗を恐れずに挑戦する気持ちが大切だと。現在、豆腐料理「とようけ茶屋」と生湯葉工房「七彩庵」も営む。温厚な人柄の奥に鋭い闘志が潜む。本当に努力の人だと直感した。

出前用田楽の重箱(昭和時代初期)

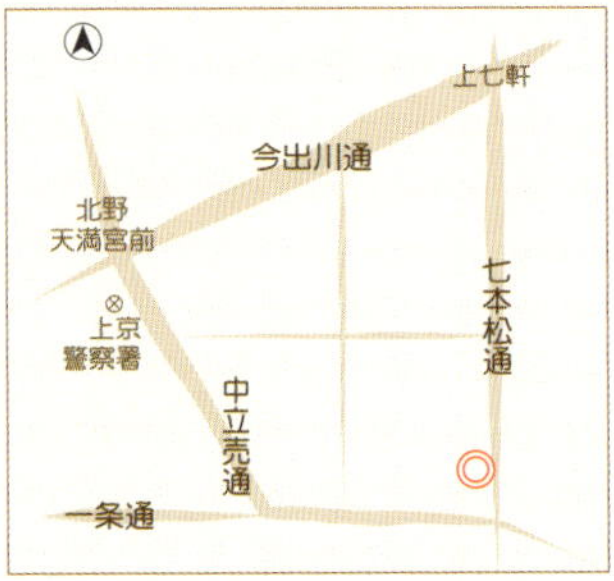

とようけ屋

☎ 075-462-1315
京都市上京区七本松一条上る滝ヶ鼻町429-5
営 4:00〜18:30 休 無休 P なし

とようけ屋山本
からし
豆ふ

歴史的意匠建造物
景観重要建造物
歴史的風致形成建造物

丹波屋《たんばや》

☎ 075-441-0343
京都市上京区黒門通中立売下る榎町
営 9:00〜18:00 休 土・日 P なし

組紐に秘められた　わざの伝承

組紐（糸組物）の老舗。初代の丹波屋儀助が、文化年間（一八〇四～一八）に商売を始めたという。当初は帯屋を営んでいたが、大正時代に入って、四代目の山田善次郎の時から組紐業を始めた。なお二代目も丹波屋儀助を名乗り、三代目は山田善次郎と実名表記になり、四代目も同名とした。五代目が善三、六代目が現会長の収さん、七代目が現社長の敏之さんへと続く。

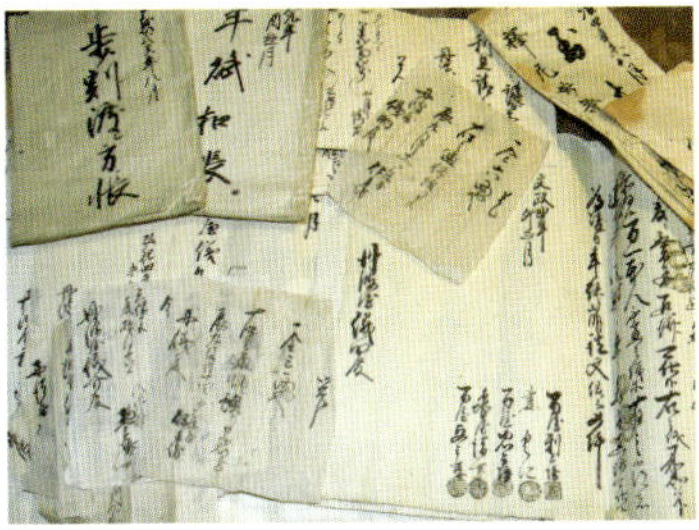

丹波屋儀助の活躍がわかる伝来の古文書

　組紐は小物や茶壺などといった類のものに用途があって、京都らしさを表現するものであるが、近年は生活様式の変化が著しいなかにあって、組紐の需要は激減した。戦後でさえ一〇〇軒程あった組紐屋も、現在では半数近くになってしまったという。組紐の作り方は、先代の技を見よう見まねで覚えていくもの。昔より三〇種類程のタイプが伝えられてはいるものの、注文に応じて独自のものを考案してきた。組紐作りの基本のうえに、創意工夫がなされて、新しい品が次々と生み出されてきたのだ。

　現在、仕事は家族五人で行っている。家でまかないきれない場合のみ、内職に出している。会長の収さんはいう。伝統の技のうえに、絶えず新しいものを生み出す努力をしなくてはならない。積極的にチャレンジしていく気持ちを忘れてはならないのだと。組紐に対する作り手の情熱を強く感じとることができた。

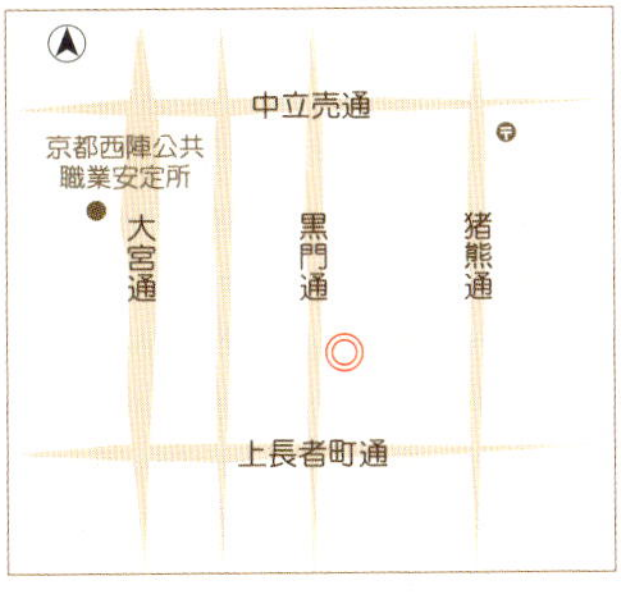

歴史的意匠建造物

塩芳軒《しおよしけん》

☎ 075-441-0803
京都市上京区黒門通中立売上る飛騨殿町
営 9:00～17:30 休 日・祝、第3水曜 P あり

お菓子づくりの伝統に 創意工夫が合わされる

明治時代の塩芳軒（左側は使用人、右側は家族〈後に立つのは初代当主〉）

和菓子の老舗。明治十五年（一八八二）、塩路軒から別家して塩芳軒を創業するも、本家の塩路軒は大正期に店をたたんでしまう。初代の高家《たかや》由次郎は「由」の字を「芳」の字に変えて、塩芳軒と命名したという。当初は現在地より少し上がった所に店を構えていたが、同二十九年（一八九六）に今の地に移転した。大正三年（一九一四）からは、現行の店構えになった。

二代目末吉《すえきち》、三代目謙次《けんじ》、そして四代目当主の昌昭さんへと続く。塩芳軒は本来生菓子作りを主としていたが、戦後から干菓子の調製も積極的に行うようになった。菓子作りは全て口伝によるもので、先代から学んで身につけていった。

戦時中は物資が手に入らなかったり、家のものが徴兵でいなかったりした時は休業したこともあったが、それ以外は一貫して家族を軸に、従業員と共に歩んできた。

菓子作りの姿勢について、当主の昌昭さんはいう。和菓子作りの基本は大切にしつつも、時代や素材などに合わせながら対応してきた。たとえば茶会などからの求めに対しては、相応の菓子作りの努力もしている。菓子とは、場の雰囲気や器に合ったものでなくてはならないのだと。

伝統の技とさらなる創意工夫に余念がない。老舗の奥の深さを感じた。

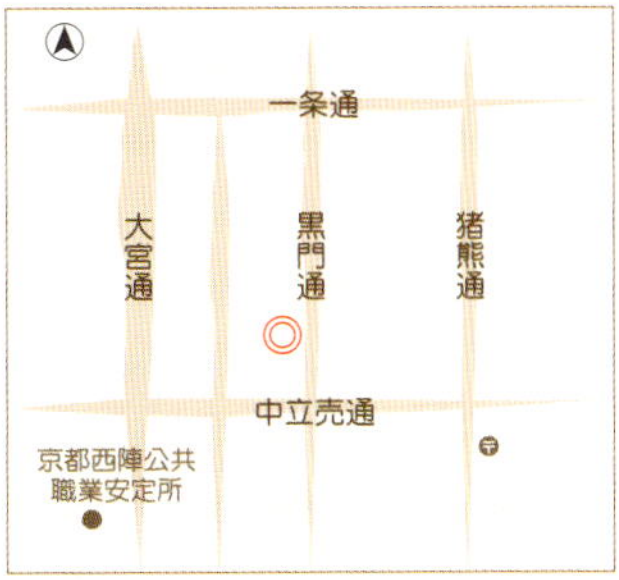

京都市指定文化財

奥溪家《おくたにけ》

☎ 075-461-1916
京都市上京区御前通西裏上の下立売上る北町573
※非公開

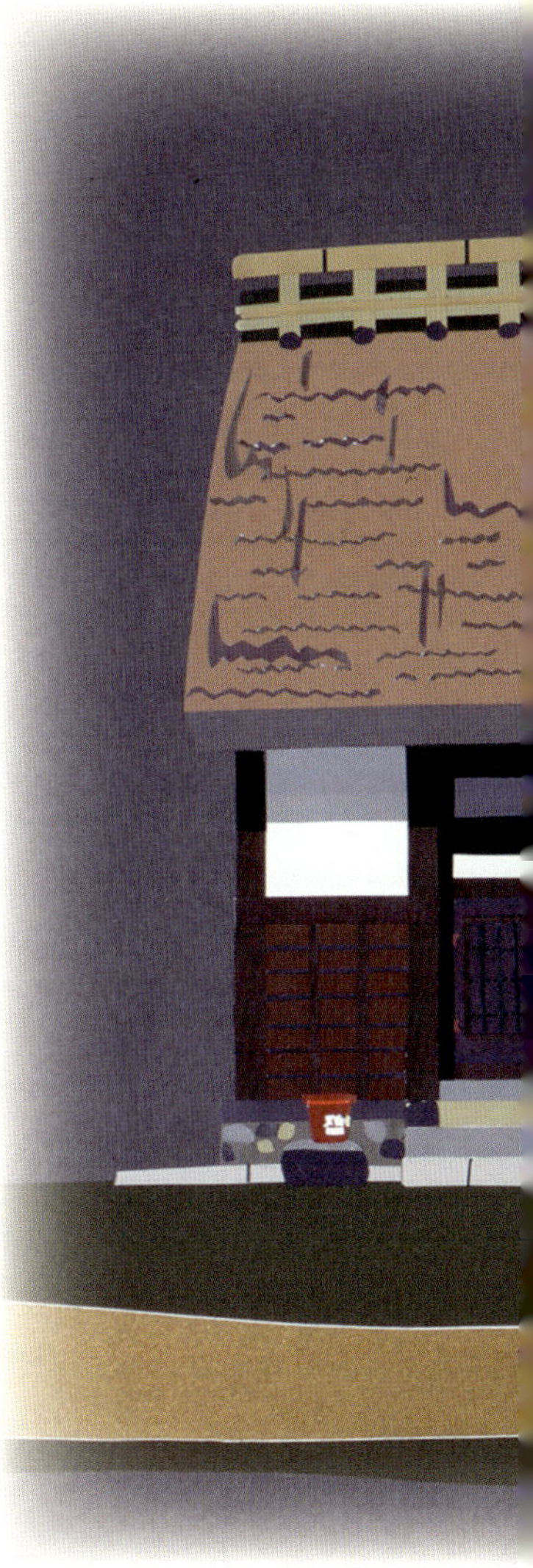

すばらしい御典医住宅　今も薬を製造

代々医者の家系であるが、現在は薬を製造・販売する。市内では珍しい茅葺の長屋門をもつ民家として、異彩を放つ。家の表にある立札によると、奥渓家は元和六年（一六二〇）、徳川二代将軍秀忠の息女和子（東福門院）が入内した際に、供として入洛したという。当時の居宅は一条烏丸にあったが、東福門院没後は別宅があった現在地に移った。代々医者で、二代目の是道以三は法印の位を授かり、四代目から七代目までは仁和寺門跡の御典医を務めた。

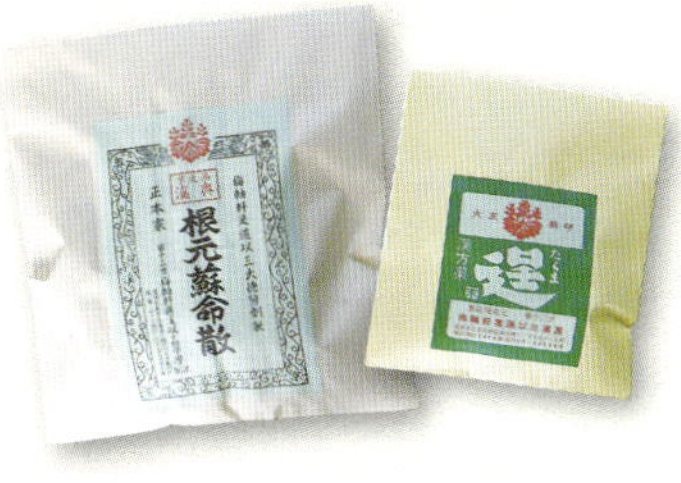

秘伝の薬「根元蘇命散」と「逞」

現在の十三代目当主によると、薬の製造は続けて行っているとのこと。昔は御前通西裏から紙屋川まで一帯は、広大な薬草園だったという。住所の番地を尋ねに来た人が、どこを歩いても五七三番地だったため公衆電話で聞いたところ、全てが五七三番地だったという。漢方の煎じ薬「根元蘇命散《そめいさん》」と一三種の生薬を粉末にした「逞《たくま》」は、共に婦人病に効果を発揮。直接ここへ来るか、郵送でしか求めることができない貴重な薬だ。

主屋は複雑な平面構成をしており、幕末期にはほぼ今の姿となった。長屋門は享保九年（一七二四）に焼失。二年後に再建されたが、戦後は一部が取り壊されるなどの変更が加えられた。主屋と長屋門は、旧御典医住宅の建築遺構としては大変珍しく、いつまでもすばらしい景観を伝えていってほしいと思った。

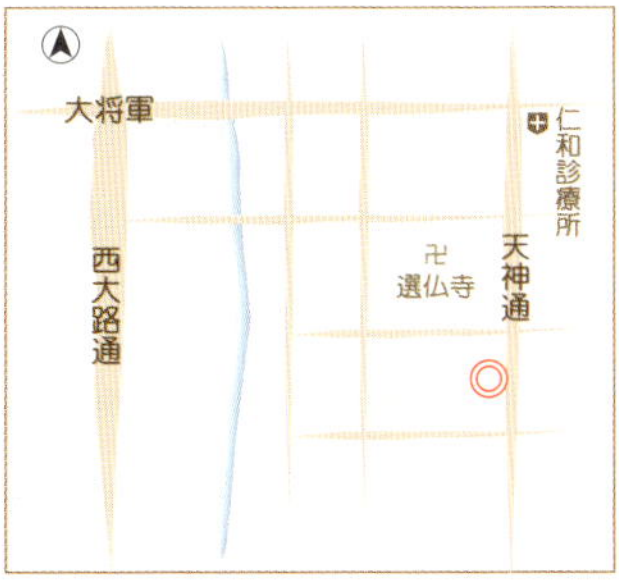

大市《だいいち》

☎ 075-461-1775
京都市上京区下長者町通千本西入六番町371
営 昼12:00～14:00 夜17:00～21:00 休 火 P 6台

家の風格とすっぽんの味

すっぽん料理の老舗。初代の近江屋定八《さだはち》が、元禄年間（一六八八〜一七〇四）に創業したことに始まるという。現在は第十八代目の青山佳生《よしき》さんが主人を務める。

江戸時代には巨椋池のすっぽんを料理していたが、現在は浜名湖のすっぽん養殖の老舗から仕入れている。なお江戸時代までは店頭商売なる煮売屋としてのかたちをとっており、現在のような店内飲食の店構えは明治時代以降のことである。

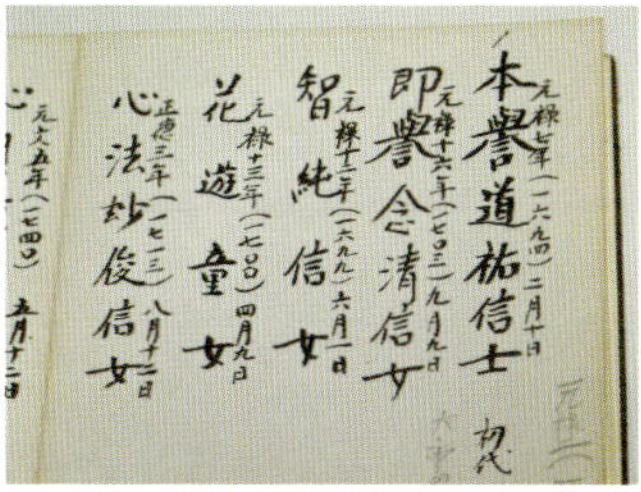

過去帳に記された初代近江屋定八とその家族の戒名

明治以降は、文豪をはじめとする多くの来客で賑わった。その盛況ぶりは今も同じである。すっぽん料理の加熱には、従来備長炭を使用していたが、六〇年程前からはコークスを利用している。一六〇〇度以上の高温で煮るため、土鍋は信楽焼の特注品でまかなっている。味付けは、大市特製の醤油と酒塩のみで行われる。煮えたぎるまる鍋のなかのすっぽんの味には、大市の伝統が受け継がれているのだ。

江戸時代から連綿と使われ続けてきた家屋の部材や調度品には風格があって、一歩店内に足を踏み入れると、そこには大市の歴史が広がっている。主人の青山さんはいう。店を大きくしようとして努力しているのではない。伝来の味や料理を守るために頑張っているのだと。建物を愛で、料理を大切に守り伝えてきたからこそ、来客に感銘を与えているのだと感じた。

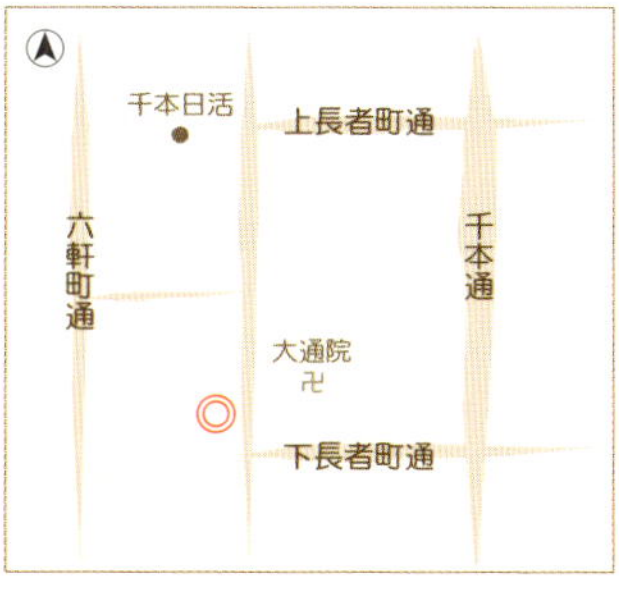

文化庁 登録有形文化財
景観重要建造物
歴史的風致形成建造物

山中油店《やまなかあぶらてん》

☎ 075-841-8537
京都市上京区下立売通智恵光院西入下丸屋町508
営 8:30～17:00 休 日・祝 P あり

油の文化は生活に溶け込む

油の老舗。文政年間（一八一八～三〇）の創業という。初代の山中平兵衛は西隣に位置した本家の醤油屋から分家して、油店を創業した。もとは醤油屋だったので「麹屋平兵衛」とも名乗った。二代目も山中平兵衛で、三代目が山中平吾、四代目が山中平三郎、五代目が山中平三で、現在は五代目の次女である浅原貴美子さんが取締役営業部長として、店を切り盛りしている。

油は江戸時代では、お燈明用の菜種油が中心だった。製造については、町中では行えなかったため郊外で作られていた。これが明治時代終わり頃から大正時代になってくると、食用油が登場してきた。このような流れのなかで、山中油店では現在、お燈明用の菜種油はもちろんのこと、食用油、塗装用油・建築用油・化粧品用油といったように、多種多様の油を取り扱っている。まさに油の老舗であるとともに油の専門店なのだ。

でもこのような専門店であるだけに、常に油の勉強をしていないといけない、と浅原さんはいう。山中油店は油の小売業なので、仕入れ先の開拓も必要だ。また店頭売りを重要な販売方法としている。客と顔を合わせ会話するなかで、油の良さを知ってもらう努力を怠らない。事実、ここでしか買えないものが多い。スキンケアオイルたる椿油も「京椿」というブランドで販売されている。スタッフの美しさを見れば、「京椿」のすばらしさは一目瞭然だ。

菜種油は量り売りもなされている

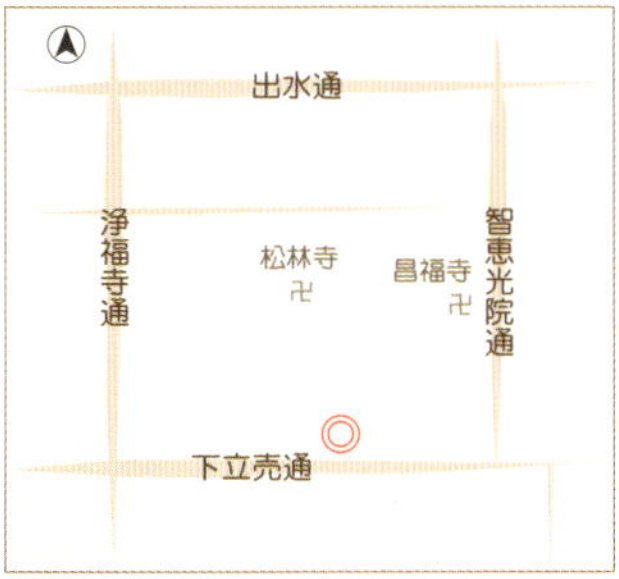

歴史的意匠建造物

麩嘉《ふうか》

☎ **075-231-1584**
京都市上京区西洞院通椹木町上る東裏辻町413
営 9:00〜17:00（要予約） 休 月（1〜8月は最終日曜も） P 4台

名水から生まれる至宝の生麩

御所出入の鑑札にみられる
焼印と屋号「大和屋嘉七」

生麩の老舗。創業は江戸時代後期で、現在の当主で七代目という。江戸時代、御所に出入していたことを示す鑑札（木札）が二点、大切に保管されている。各鑑札には屋号「大和屋嘉七」の名前が記されており、見入るだけで、のれんの重みが伝わってくる。

麩づくりには最良の水が必要。麩嘉には六つの井戸があったが、現在は二つが使われている。当店は名水で有名な滋野井の場所にあり、湧き出る良質の井水《せいすい》によって一級の生麩が生み出される。明治以降つくられるようになった麩饅頭は、麩嘉絶品のお菓子だ。

生麩の製法について、若主人の小堀周一郎さんとお母様の章子さんからお話をうかがった。章子さんが伏見から嫁いで来られた時、すでに店は一五〇年経っており、ベテランの大番頭さんがいた。釜はまきを使っていたが、三〇年前からガス釜に一新し、以後逐次設備を新しくしていったという。若主人の周一郎さんはいう。確かに設備も店内も今様に改装したが、麩づくりの基本は昔ながらの手わざにあると。職人の技量によって伝統の風味が保たれているのだ。

ものづくりに対する真摯な態度が、生麩というすばらしい京の食品を生み出していると感じた。

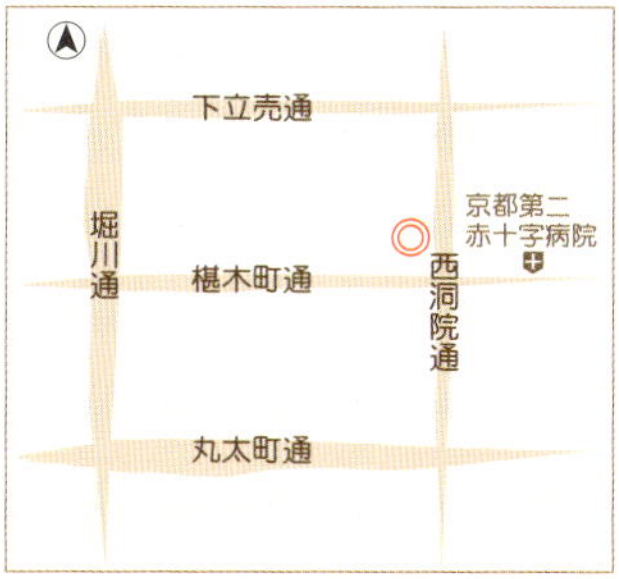

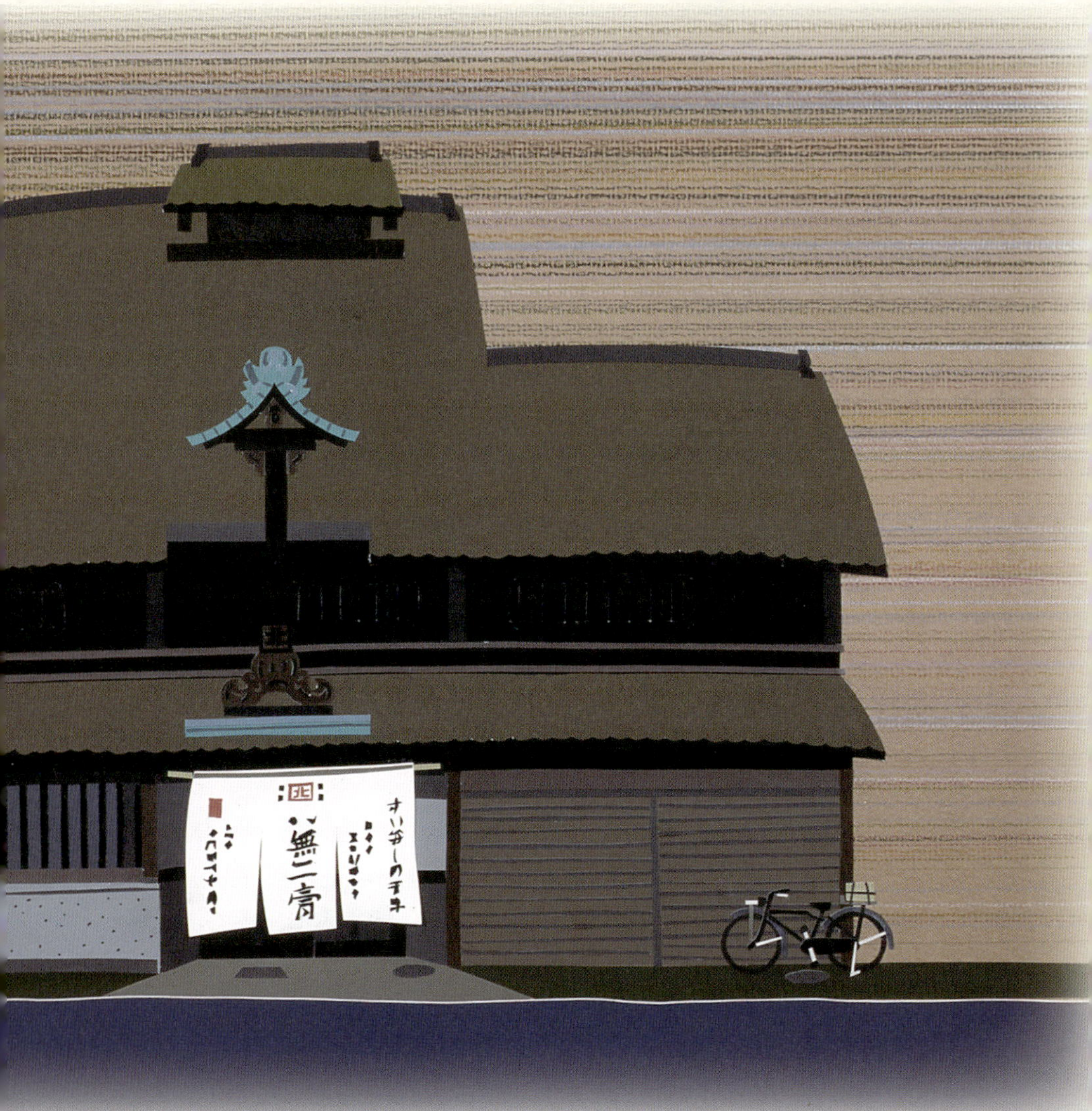

雨森敬太郎薬房《あめもりけいたろうやくぼう》

☎ 075-231-2848
京都市中京区車屋町通二条下る仁王門突抜町307-1
営 8:00～17:00 休 土・日 P なし

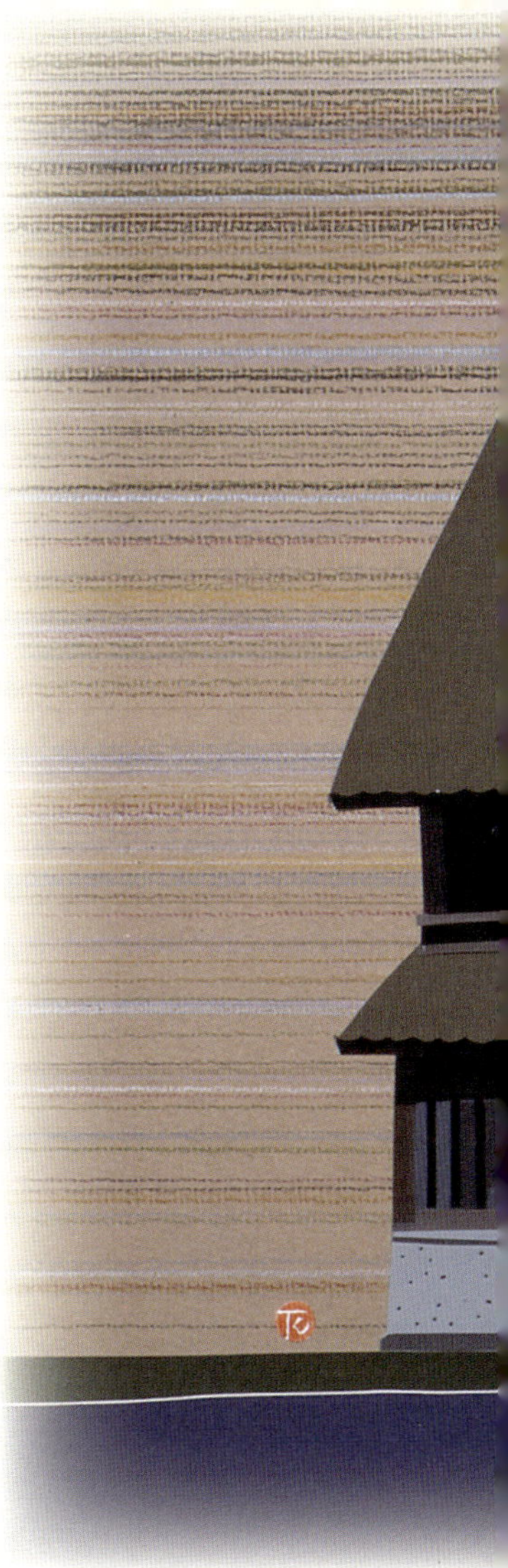

妙薬としてその名をとどろかせる

薬種業の老舗。江戸時代初頭、近江国伊香《いか》郡雨森《あめのもり》村（現長浜市）から現在地に移り住んだと伝える。代々医師を家業とし、御所出入りの御典医として活躍したが、初代の雨森良意の時から薬種業に専念するようになった。その訳とは、当時の人々が腫れ物に苦しむ姿を見て、作り始めた膏薬が好評を博し、製造が追いつかなくなったため、医師を辞し製薬に専従するようになったからだという。「無二膏《むにこう》」と命名された膏薬は妙薬として重宝され、江戸時代に編纂された京都の地誌類にもしっかりと記録されている。

十三代目の敬太郎の時、店名を「雨森敬太郎薬房」とした。大正時代の終わり頃であったが、すでに膏薬は江戸時代から「雨森の無二膏」の名で巷に広く知られており、類似品も出回るほどだった。無二膏の成分は、胡麻油が七割、鉛丹《えんたん》が二割、残りは一三種の生薬で構成されている。大正時代からは「トーキ膏・あかぎれ膏」も製造したが、現在は止めている。

十五代目にあたる当主の雨森良和さんはいう。時代の流れのなかで、利用者はお年寄りが中心だが、全国で愛用されている。口伝による伝承薬のため、製造は自分一人で行っているが、次の代にも頑張ってもらいたいと。薬の老舗にふさわしい心意気に、胸が打たれた。

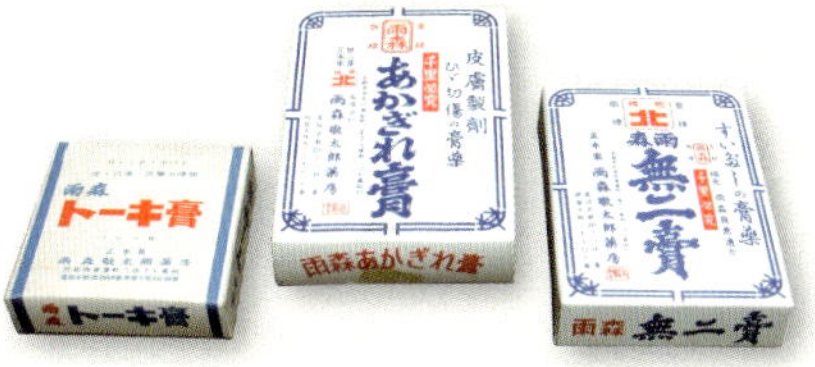

雨森敬太郎薬房の薬品、最盛期にみる3薬品の外箱
（トーキ膏・あかぎれ膏・無二膏）

昔ながらの手法で一子相伝のゆば作り

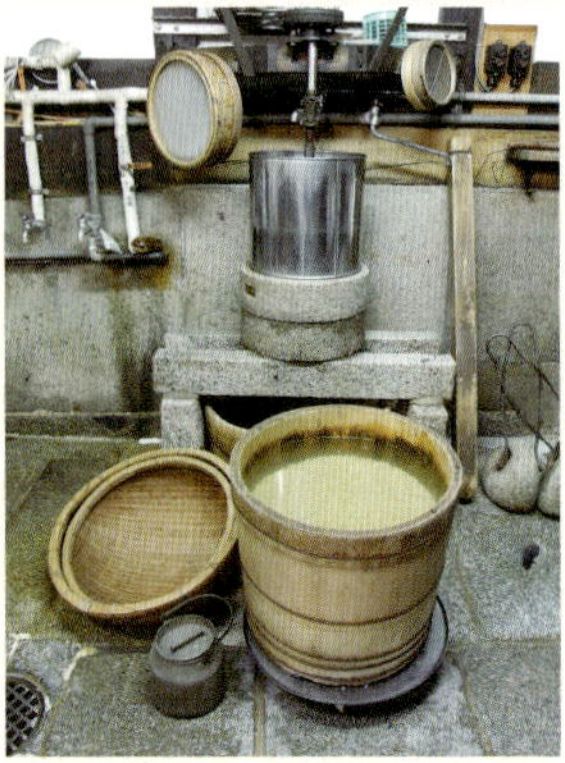
石臼などを使って、古来の手法でゆばを作る

ゆばの老舗。享保元年（一七一六）の創業という。初代の桝屋半兵衛は、雑穀問屋を営んでいたが、そこからゆば作りを始めた。今で九代目の浅野富三《とみぞう》さんに至るが、体調不良だったため、ご子息の高行《たかゆき》さんにお話をお聞きすることとなった。

ゆばを湯波と記し、半兵衛の半を付けて店名を湯波半とし、現在もこの名前を大切に伝えている。ゆばの製造と小売りをする専門店として、その格式は店構えを見れば一目瞭然である。

蛤御門の変で焼失以降、再建された店舗正面にかかるのれんをくぐると、目の前にゆば作りの道具が所狭しと置かれている。なかでも注目は、大豆をひく大きな石臼だ。しかも大豆を漬ける桶も昔ながらの木桶に徹するなど、製作道具の大半は古来のものばかりである。古式製法による旨みを生み出す伝統の技を、しっかりと伝承しているのだ。その技術は親から子へと受け継がれてきたという。

時代の流れとともに変化もあった。大豆を煮る火力は、昔は炭だったが、コークス、おが屑、ボイラーと変遷したし、石臼をひく力はモーターを利用するようになった。大切な井戸水も、汲み上げるのにモーターを使っている。けれど手仕事の全ては、住居を共にする家族のみによってなされている。

毎朝午前三時から仕事は始まる。高行さんはいう。大切な石臼は、一年ごとに目立てをする。ゆば作りの基本は、昔と何ら変わらないと。ゆばに固執した老舗の風格に圧倒された。

歴史的意匠建造物

湯波半《ゆばはん》

☎ 075-221-5622
京都市中京区麩屋町通御池上る上白山町
営 8:00～18:00 休 木 P なし

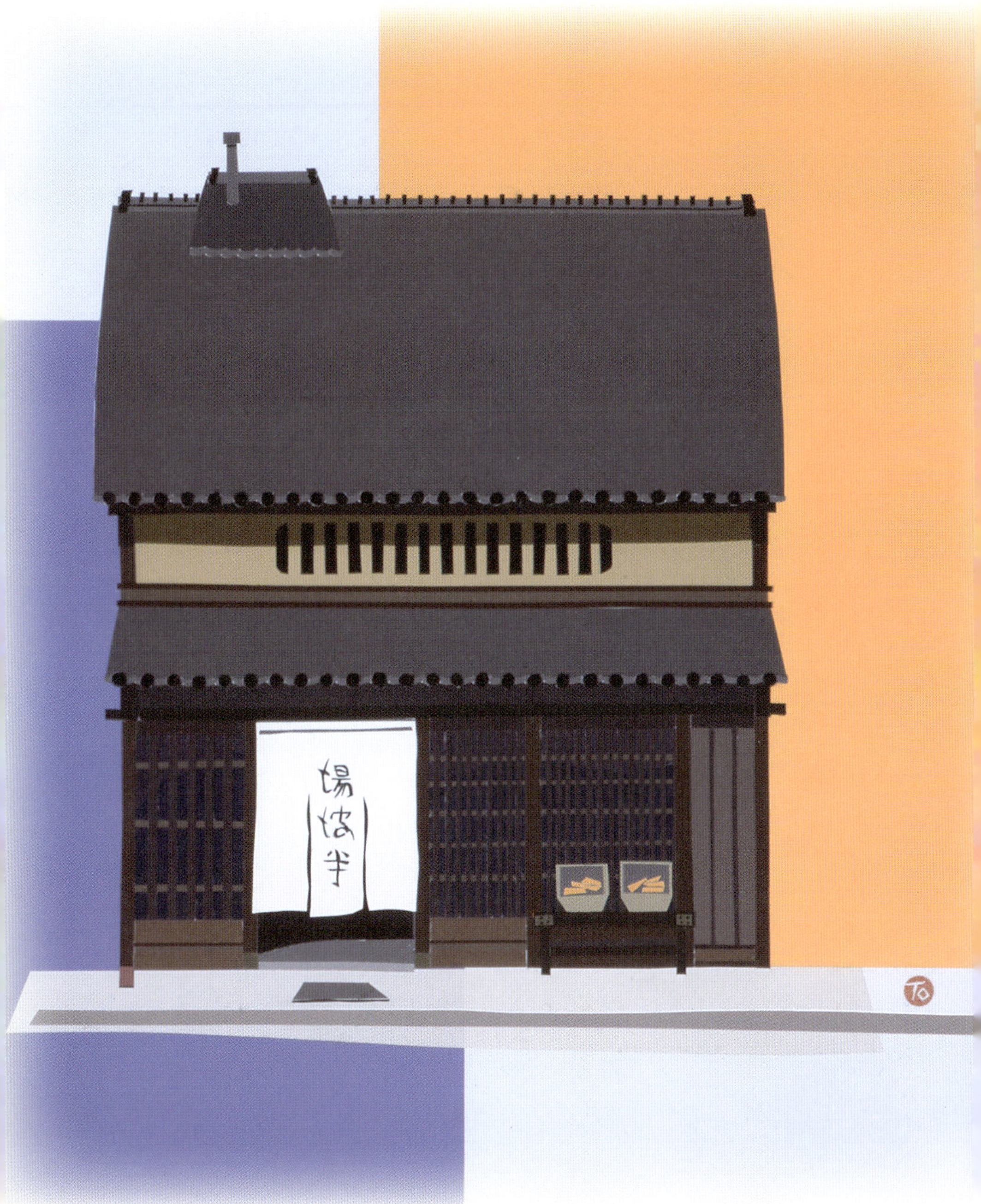

亀末廣《かめすえひろ》

☎ 075-221-5110
京都市中京区姉小路通烏丸東入車屋町
営 8:30〜18:00 休 日・祝 P なし

和菓子のわざと商いのすべをかたくなに守る

和菓子の老舗。伏見醍醐の釜師から身を起こし、文化元年（一八〇四）に京の街中に亀末廣を創業したのが、初代亀屋源助であった。現在の店構えは当初からのものだが、最初は五条辺りに数年居たという。初代源助は文政七年（一八二四）、四十二歳でこの世を去るが、二代目に引き継がれ、初代から四代目まで源助の名前が踏襲された。明治時代以降は実名となり、五代目は吉田吉《きち》次郎、六代目は弘造、そして現在の当主孝洋《たかひろ》さんとなる。

　創業以来、御所などへ干菓子を納める菓子屋として繁盛したが、明治以降は東京に行くことを拒んで、創業以来の地京都で商売を続けた。江戸時代は主に御所や武家が商い相手だったし、明治以降も寺などに納めるなどして、多くの職人が働く規模の大きい店だった。敷地は今の倍以上あり、屋敷内には池のある庭まで設けていたという。現在は規模も縮小したが、商売の基本は客との接点を大切にする店売りのみとし、出店はしていない。だが長年手広く活躍してきた老舗本家だけあって、別家（亀屋一門）は一二家にのぼる。

　今もこの家に住み、家族と従業員合わせて一〇名で老舗を守っている。菓子の基軸は干菓子で、多種あるも九割以上は昔のままの形状を守っている。当主の孝洋さんはいう。むやみに新商品は開発しない。伝統ある昔の色・形・味、さらに季節感を守り、その技の全てをしっかりと伝えていきたいと。そこには成熟した京菓子の存在がはっきりと示されていた。

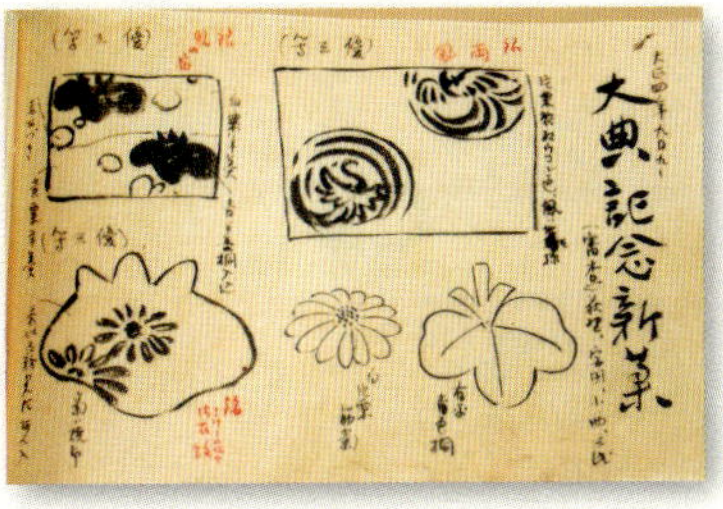

大正天皇大典記念菓子の図案
（『勅題菓略図控』〈明治後期～昭和前期を所収〉）

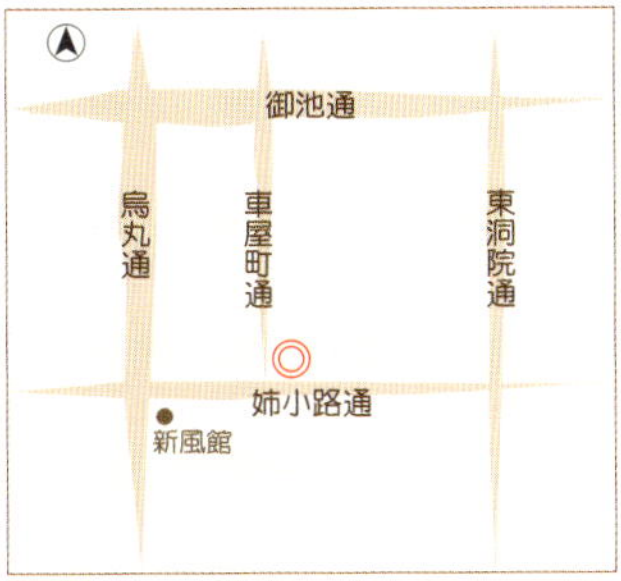

精進料理から生まれた柚味噌
伝統の味を伝える

八百三《やおさん》

☎ 075-221-0318
京都市中京区姉小路通東洞院西入車屋町270
営 9:00〜18:00 休 木・日 P なし

柚味噌の老舗。宝暦年間（一七五一〜六四）の創業という。初代の八幡屋《やわたや》三四郎が生み出したものであるが、そもそも八幡屋は大正時代まで精進料理を生業とした家だった。精進料理とは出張料理のことを意味し、八幡屋は寺社などに出入りして、料理に腕を振るっていた。したがって、今も店には精進料理をしていた頃の道具類が残されている。まな板には「八百三」の焼き印が押されたものまで含め、大切に保管されている。

精進料理時代の手桶（明治時代）

　そうした料理づくりのなかで、ひときわ注目された逸品が柚味噌だった。味の評判は次第に高まり、ついに柚味噌のみを扱う専門店となって、現在に至ったのである。初代から四代目までは八幡屋を襲名したが、五代目からは八百三を名乗るようになった。現在は八代目当主の中村正子《まさこ》さんが店を切り盛りする。なお江戸時代末期までは西院に居り、それ以降に現在地へやってきたという。今の建物は、その時からのものである。住まいもこの場所だ。

　柚味噌とは味噌に柚を仕込んだものであるが、なかでも柚については水尾（右京区）産のものを使っている。仕込みの作業は家族で行う。ある程度の作り置きが可能なので、必要量に応じて調整している。正子さんはいう。柚味噌という一品物で商売できるのも京都らしいところだと。「八百三の柚味噌」にのみある味を、客はよく知っている。時代は変わっても、不変の味がここにある。店を手伝う次女の修子《のぶこ》さんは、この仕事ができることに感謝しているという。八百三の柚味噌が愛されているわけが理解できた。

「蕎麦ほうる」を守り抜く

総本家《そうほんけ》 河道屋《かわみちや》

☎ 075-221-4907
京都市中京区姉小路通御幸町西入
営 8:30～18:00 休 無休 P なし

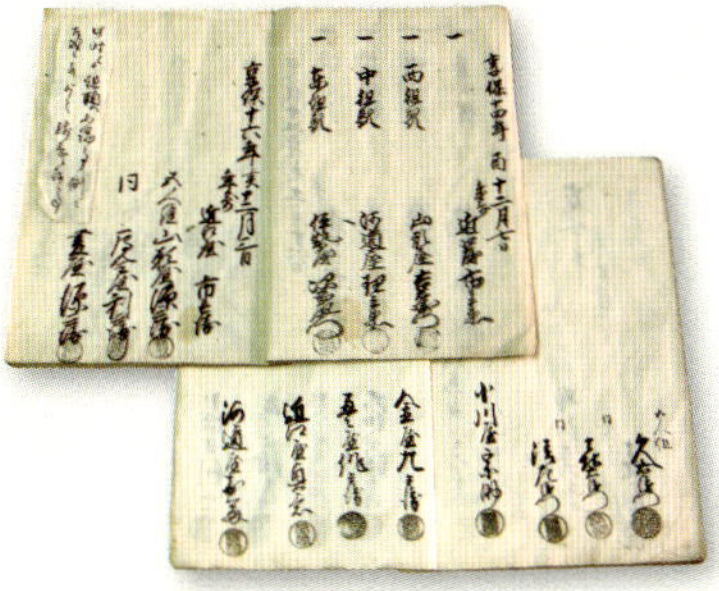

江戸時代の町役に名を連ねる河道屋

菓子の老舗。初代の河道屋理兵衛については、享保八年（一七二三）十月二日付の「年寄五人組定メ印形帳」にその名を連ねるところから、この頃にはすでに商いをしていたことがわかる。古文書によると屋号は不変だが、名前は各代ごとに異なっている。現在は十六代目の植田貢《こう》太郎さんが店を支える。植田姓は明治以降に名乗るようになる。

河道屋は当初は餅菓子屋だったが、蕎麦屋も副業として営んでいた。これが分業もせず、今に至るまで古い形態のまま続いている。なお河道屋として店を分けて営業するようになったのは、貢太郎さんの祖父の代になってからだ。著名な菓子「蕎麦ぼーろ」の商品名は「蕎麦ほうる」と記されている。「ほうる」とはポルトガル語でケーキを意味する。明治時代以降、作るようになった菓子だが、今や河道屋といえばこの菓子をさす。南蛮菓子の手法を蕎麦に応用し、河道屋独自の工夫を重ねて、その味わいを今に伝えている。

店舗の前段部分は江戸時代初期のものだが、そのほかは手直しして、今もこの建物で生活を共にしている。蕎麦屋の営業の方は、貢太郎さんの弟が切り盛りしている。時代とともに店の規模もふくらみ、現在社員は二四名とのこと。貢太郎さんはいう。老舗を継ぐということは大変なこと。何事もしっかりと守りながら、品質・味を大切にしていかねばならない。蕎麦を使った商品についてはいろいろ考案したが、他人のまねごとはしたくなかった。結果「蕎麦ほうる」というオリジナルを大切にしてきたという。銘菓の重みなるものを教えられた。

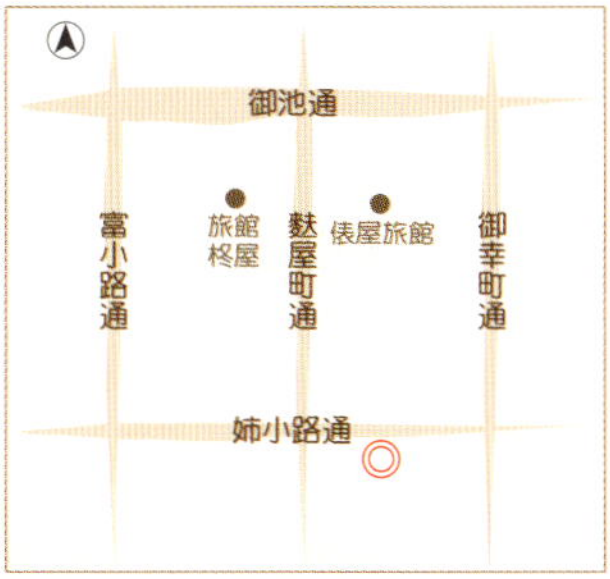

竹苞書楼《ちくほうしょろう》

☎ 075-231-2977
京都市中京区寺町通姉小路上る下本能寺前町511
営 10:00〜19:00 休 木 P なし

わが国最古の古書店

古書籍の老舗。寛延四年（一七五一）創業という。初代佐々木惣四郎は近江（現近江八幡市）の出身で、堀川通四条下るにあった古書・版元店「銭屋儀兵衛」のもとにて修業し、のれん分け後は「銭屋惣四郎」を名乗った。なお当主は代々佐々木惣四郎を襲名した。店名は漢詩から引用し「竹苞楼」と名付けた。現在の「竹苞書楼」としたのは、四代目の時からである。建物は元治の大火後に再建したものであるが、当初の形を再現している。

天保十五年（一八四四）に刷られた『茶経』の版木

　竹苞楼は四代目の時まで、出版と古書店とを兼ねていた。店の奥には二階建ての版木小屋があって、約二五〇〇枚の版木が保存されていたが、近年奈良大学に譲渡された。五代目からは明治時代に入るが、版元は辞めて古書籍の専門店となる。六代目からは古書である和装本に名札を付けて店頭に並べ、来客に本をわかりやすくした。七代目は現当主で、ご子息も後継者として店を手伝う。江戸時代、竹苞楼は多くの専門書籍を出版していたこともあって、文化・知識人の集うサロン的存在だった。その堅実な仕事ぶりゆえ、別家も生まれている。

　ご当主の惣四郎さんはいう。この仕事は新しいものをつくるのが目的でなく、昔つくられたものを自らの目で判断して仕入れる力量が求められるのだと。知識を深め、経験を重ねてこそ良い仕事ができる。常に探究心をもって、しっかり勉強していかねばならないが、京都という地は、最もそれに適しているのだと。古書籍に対する情熱をありありと感じた。

大店の遺構　大規模な町家

呉服の老舗。寛保三年（一七四三）の創業。初代新右衛門は伊勢国松坂の生まれで、京都に出て呉服商奈良屋へ奉公。後に独立を許されて、烏丸通四条下るに奈良屋を開いた。下総や常陸方面にも行商を重ね、二代目・三代目の時には関東方面における販路を定着させた。京呉服を仕入れて東国で販売するという「他国店持京商人」として成功したのだった。現在は九代目杉本秀太郎さんが当主だが、ご本人は学者になったため、商売に関わるのは八代目郁太郎で終了。

　さて明和四年（一七六七）、住居を現在地へ移すが、その後、天明の大火（一七八八）と元治の大火（一八六四）で焼失したが、そのつど再建

重要文化財

杉本家《すぎもとけ》

☎ 075-344-5724
京都市下京区綾小路通新町西入る 矢田町116
会員のみ予約公開、年3回特別公開

を果たしてきた。ただし土蔵三棟は焼け残ったという。その後に増築された部分もあるが、平成二十二年「杉本家住宅」として重要文化財に指定。庭の部分も翌年に「杉本氏庭園」として名勝に指定された。現在、杉本家は建物を保存するため公益財団法人奈良屋記念杉本家保存会を組織して、維持管理を行っている。

秀太郎さんの三女歌子《うたこ》さんは、杉本家保存会の学芸部長として活躍する。公益財団になったとはいえ、この町家を維持していくことは大変だという。ご自身もこの家で育ったし、今も同じ敷地内に住んでいる。だから建物のなかにいると、ほっとするし、いつまでもこの環境を守っていきたいという。祇園祭の時には、伯牙山《はくがやま》のお飾り場ともなる町家だ。すばらしい京文化を後世に伝えていってほしいと思った。

奈良屋京都本店の活況（明治時代中頃）

京都市登録文化財

秦家《はたけ》

☎ 075-351-2565
京都市下京区油小路通仏光寺下る太子山町594
営 9:30〜16:30（前日までに要予約、大人1,000円 高校生800円 中学生500円） P なし

「家が喜ぶ」開かれた町家へ

秦家伝来の製薬「奇応丸」の外箱
（最終モデル）

薬種業の元老舗。秦家が太子山町で確認できるのは、寛文十年（一六七〇）にまで遡るが、薬の仕事を始めたのは元禄十三年（一七〇〇）からである。当主は代々「松屋與兵衛」を名乗り、創業以来の製造薬「奇応丸」は京中の妙薬として愛用されたという。下京に残る町家としても、そのたたずまいには風格があり、現在も祇園祭には山車「太子山」を繰り出す町会所にもなっている。古文書や製薬道具の多くが伝わっており、京町家としては京都市文化財に登録されている。

　このような伝統的商家にも、大きな転機がやってきた。十二代目與兵衛が昭和六十一年（一九八六）に他界し、それを境として薬種業に幕を閉じたのだった。要因はさまざまあったが、一子相伝による伝承薬に対する国の規制が強まり、かたや広報などにも経費がかさんだためだったという。かくして先代與兵衛の妻トキさんと娘めぐみさんの決めたこととは、「家が喜ぶ使い方」だった。秦家住宅を公開し、見学や食事などを通して住まいのなかの生活を知ってもらおうというものだった。薬の老舗から開かれた町家へ。そこには秦家の新しい歩みが始まっていた。

みりん風味の奈良漬けの誕生

奈良漬けの老舗。寛政元年（一七八九）、初代の和泉屋長兵衛が現在地において創業したという。長兵衛は綴喜《つづき》郡大住《おおすみ》村（京田辺市）辺りの出身と伝わり、同家は代々長兵衛を名乗った。家業としては、みりんと焼酎を醸造していたが、かたわら製造した奈良漬けの方が好評を得るようになり、奈良漬け専門店としての道を歩むようになったという。みりん風味を加えた独特の奈良漬けは、「都錦味淋漬《みやこにしきみりんづけ》」という名前で売られるようになった。都錦とは、本来みりんの商標として使われていたものだった。

現在の当主は七代目であるが、田中を名字としたことから、昭和三十八年（一九六三）より現行の「田中長奈良漬店」と命名した。同三十六年からは、製造部

田中長《たなかちょう》奈良漬店《ならづけてん》

☎ 075-351-3468
京都市下京区綾小路通烏丸西入童侍者町160
営 8:30〜18:00 休 無休 P なし

門は桂に設けた工場で行うようになり、本店は販売部門とした。桂で生産するようになったのは、原材料の瓜の産地であったことによる。しかし現在は採れなくなったため、四国から仕入れている。

今ある店は、蛤御門の変で焼失したため明治初年に建て替えたものである。ずっとこの場所で生活も商売も行ってきたが、昨今痛みがひどくなってきたため、工事を念頭に現在は仮店舗で営業している。江戸時代からは一〇人程で仕事をしてきたが、今は家族六人と従業員二〇人の体制で行っている。

ご当主の田中稔章《としあき》さんはいう。子供の頃からこの地で生まれ育ってきたので、おのずと家業を継ぐ気持ちになっていった。しかし昔と違って、良い原材料を確保するのが大変な時代になってきた。併せて手仕事のできる熟練社員の養成も課題だという。昔ながらの技法を大切に、時間と手間を惜しまぬ創業以来の気持ちが脈々と受け継がれていることに感服した。

瓜の種取り作業（昭和四十年頃）

上羽絵惣《うえばえそう》

☎ 075-351-0693
京都市下京区東洞院通松原上る燈籠町579
営 9:00〜17:00 休 土・日・祝 P なし

白狐がほほえむ絵具のわざ

日本画用絵具の老舗。創業は宝暦元年（一七五一）という。天保二年（一八三一）版の『商人《あきんど》買物独《ひとり》案内』には、「絵具仕入所　ゑのぐや惣兵衛」の名前がみえ、「東洞院松原上ル町」にて商売をしていたことがわかる。今も店の場所は変わることなく、商売が続けられている。当主は現在で十代目となるが、五代目惣兵衛から上羽姓を名乗ったという。大正の頃より洛南に工場を建て、各種絵具の製造や品質向上に尽力してきた。

店のなかに入ると、画材類があちこち所狭しと置かれている。店は卸業で、各種商品は小売店が扱っている。でも最新商品であるホタテの貝殻を用いた胡粉ネイルなどは、購入することができる。流行のネイルアートにも、上羽絵惣の画材技術が発揮されていた。

上羽絵惣の商品には、白狐印のかわいい商標が付けられている。六代目の稲荷信仰がかたちとなって定着したという。いろいろとお話してくださった取締役の石田結実さん（社長の妹）が一番大切にしていることとは、「商品を生み出す職人を絶やさないよう、大切にすること」だった。老舗にとって重要な技術の伝承。重厚な建物とともに、しっかりと根付いていた。

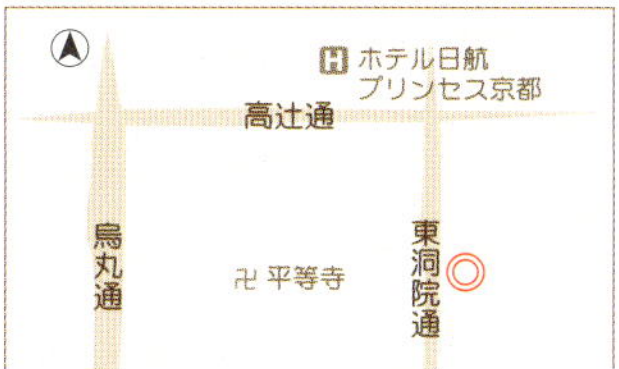

店内に入ると、昔の看板や神棚が目に入る

谷川清次郎商店《たにがわせいじろうしょうてん》

☎ 075-351-5762
京都市下京区御幸町通高辻上る橘町443
営 10:00～17:30 休 土・日・祝 P なし

きせるは薫りの文化をつくり出す

積み上げられた羅宇竹

きせるの老舗。元禄年間（一六八八〜一七〇四）の創業という。初代より代々、中村屋清次郎を名乗り、現在は九代目の谷川清三さんである。なお「清次郎」は隠居すると「清兵衛」と名乗った。建物のうち、玄関を含む前段の部分は昭和初期に建て直したものである。

清三さんの祖父までは羅宇《らう》商（煙管竹商《えんかんちくしょう》）だった。羅宇とは、きせるの吸い口と雁首《がんくび》をつなぐ管の部分で、主に竹材が使用された。八代目からきせるを売るようになったという。きせるは、従来各部分を専門職人がつくるといった分業体制をとっていたが、時代の流れとともに職人が途絶えるようになったため、現在では清三さんが一貫して製造している。見渡すと、きせるを実用品として店で販売しているのは、全国で谷川清次郎商店のみとなってしまったという。

きせるとは、たばこを吸う道具だが、その刻みたばこも我が国で発展した加工技術だ。またきせるには、周辺の道具がいる。たばこ入れ、腰指し、たばこ盆などである。ここに、きせるを吸う人間の自己表現のかたちが生まれ出る。清三さんはいう。この時世、きせるづくりを事業としていくことは難しい。でもきせるには、日本人が生み出した技術と美意識が凝縮されている。これを文化として残していきたいと。きせるに対する情熱の程を、しっかりと感じることができた。

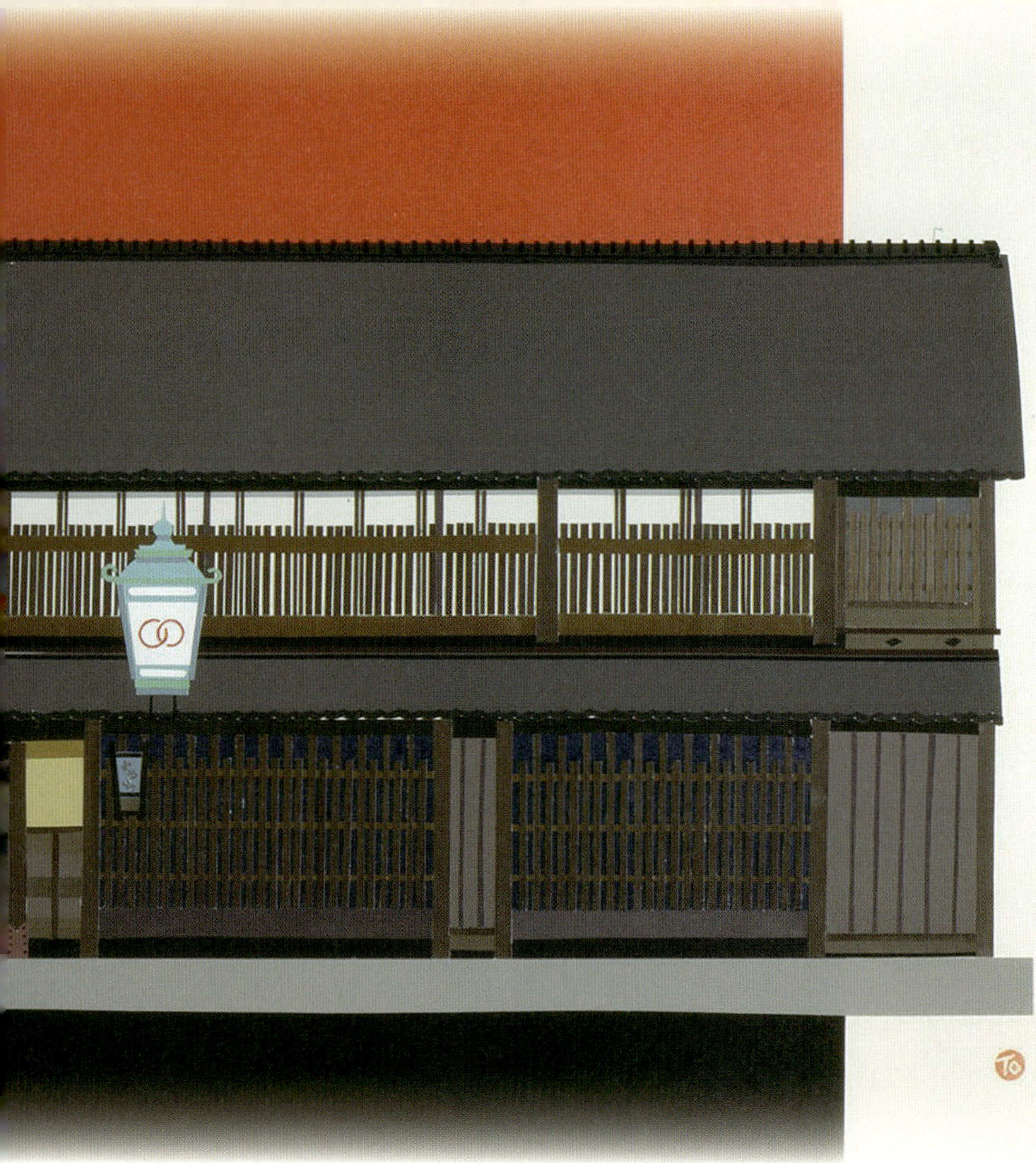

京都市指定文化財

輪達屋《わちがいや》

京都市下京区西新屋敷中之町114

現役の置屋兼お茶屋として
花街の文化を伝える

一階広間に飾られている近藤勇の直筆

島原に残る唯一の置屋。創建は元禄年間（一六八八～一七〇四）と伝える。明治五年（一八七二）以降、お茶屋も兼ねるようになる。初代より八代目まで、輪違屋善助を襲名する。現在は十代目の髙橋利樹《とき》さんが当主を務める。今に残る建物については、安政四年（一八五七）に再建された後、明治四年（一八七一）に改造が加えられたという。二階部分の「傘の間」と「紅葉の間」は有名だが、庭の部分も含め、平面構成は複雑ながらも古い置屋の遺構を残しており、建築的にも大変質の高いものがある。昭和五十九年（一九八四）には、京都市指定文化財となる。

輪違屋は置屋なので太夫・芸妓たちが住み込んでいたが、近年徐々に数が減っていって、平成元年（一九八九）には島原の芸妓は完全に姿を消してしまった。髙橋利樹さんが大学を卒業して、本格的に手伝い始めてから現在に至るまで、輪違屋は大きく変わっていったという。そもそも太夫の着物など一式の管理からしても、置屋とは物入りなところなのだ。気苦労も多い。建物の管理と一口にいっても、庭に至るまで隅々の手入れは大変だという。またお座敷がかかると、その前後に掃除をしなくてはいけない。毎日、常に綺麗にしておくことが前提だ。今も唯一、営業している置屋兼お茶屋。太夫を抱えるということには、絶対的な存在感がある。いつまでも花街の文化を守り伝えて欲しいと思った。

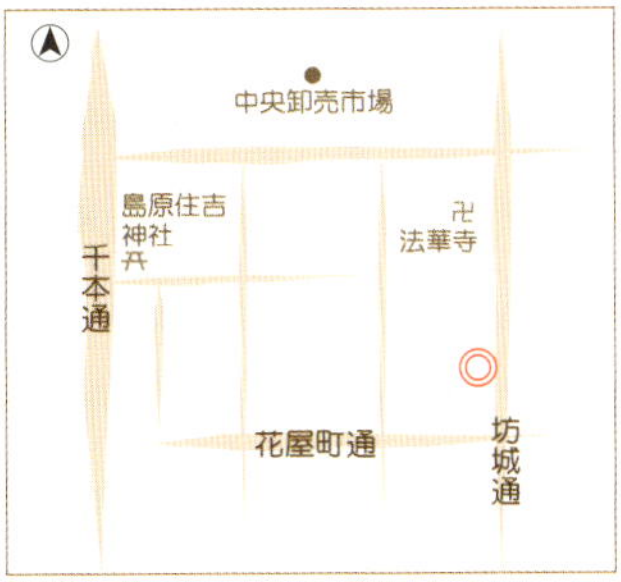

本願寺とともに 歩んだ和菓子の伝統

和菓子の老舗。創業は応永二十八年（一四二一）といわれ、現在の当主で二十一代目である。大塚家は初代より本願寺の寺内において、供物《くもつ》づくりに従事した家だったという。江戸時代後半からは、寺内より町中へ出て現在のような店構えになった。天保二年（一八三一）の『商人《あきんど》買物独《ひとり》案内』には、「御供物所并御菓子司　亀屋陸《む》通《つ》」と記されている。明治十六年（一八八三）の『都の魁《さきがけ》』では「御供物調進所　御菓子司　亀屋陸通」として繁盛する店先が活写されている。

看板「松風調進所」は優良意匠屋外広告物指定

亀屋陸奥《かめやむつ》

☎ 075-371-1447
京都市下京区西中筋通七条上る菱屋町153
営 8:30〜17:00 休 水 P なし

代表菓子「松風」は有名だが、古来は通常の和菓子が主流であって、特異なものとして本願寺への供物である「御華束《おけそく》」がある。御華束は御正忌《ごしょうき》報恩講（一月九〜十六日）に供えられる特殊仏供で、壮大な和菓子の芸術品である。亀屋陸奥のみに許された供え物であって、本願寺と店の結びつきの古さを物語っている。

毎朝七時半頃から仕事は始まる。昔から一〇名程で携わっており、調製場所も変わらない。時代の流れとともに製造器具の機械化や箱詰方法への変化はあったが、基本的な作業工程は昔のままだ。本願寺との深いつながりが老舗の風格を表している。京都ならではの和菓子屋さんだと感じた。

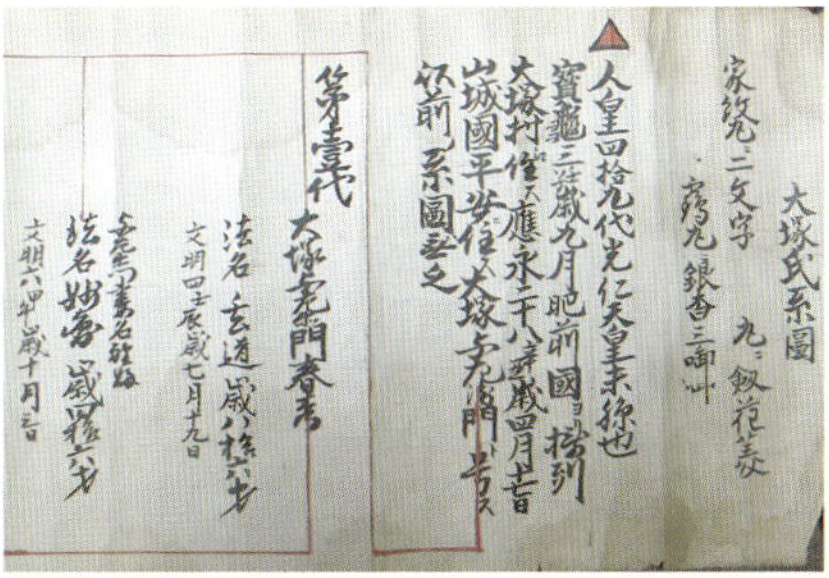

大塚家伝来の家系図（明和6年〈1769〉書写）

十二段家《じゅうにだんや》

☎ 075-561-0213
京都市東山区祇園町南側570-128
営 昼11:30〜13:30 夜17:00〜22:00 休 木曜・第3水曜 P なし

祇園で生まれたしゃぶしゃぶ料理

客間には豪華な調度品がならぶ。机上は特製のしゃぶしゃぶ鍋

しゃぶしゃぶの老舗。お茶屋を改装した建物で、しゃぶしゃぶ料理はこの店から始まった。初代は西垣精之助、二代目は光温《みつはる》、そして三代目の隆光さんに至る。初代の精之助は丹後の出身で、大阪で菓子職人となり、その後京都で店を持つようになった。店は丹後屋といい、当初は四条花見小路の西北角にあった。芝居好きだったので、忠臣蔵の舞台イメージを甘辛十二段の料理に見立てて振る舞うようになった。これが好評を博し、十二段家と呼ばれるようになったという。さらに飲酒の後のお茶漬けも大変評判を得た。

二代目の光温は、昭和二十二年（一九四七）からしゃぶしゃぶ料理を始めた。しゃぶしゃぶ鍋も光温が考案したもので、以降しゃぶしゃぶというものが世に広まるようになったという。光温は美意識に富んだ人で、店内にあるすばらしい調度品の数々は、全て自らの見識で集めたものだ。

三代目隆光さんの妻多津《たつ》子《こ》さんはいう。二代目夫婦は現在の場所に住んでおり、自分たち夫婦は通っていた。多津子さんは東京から祇園に嫁いできたのだが、先代はとてもひらけたすばらしい人だったので、今でも大変感謝していると。四代目予定の息子さんは、調理場をしっかりと仕切っている。

十二段家はしゃぶしゃぶ料理の専門店だが、格式ある室内には一級の美術工芸品が目の辺りに置かれている。奥深い風情に酔いながら、ひとときの祇園を楽しめる所だ。

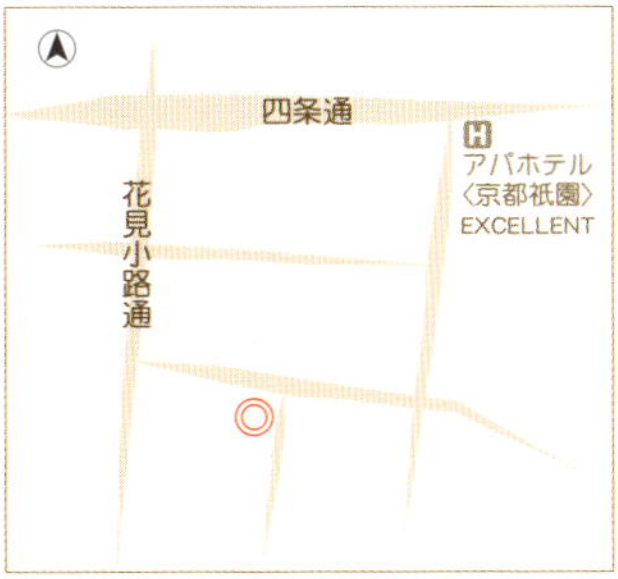

甘春堂《かんしゅんどう》 東店《ひがしみせ》

☎ 075-561-1318
京都市東山区正面通大和大路西入茶屋町512
営 9:00〜18:00 休 無休 P あり

和菓子の文化 伝統と革新と

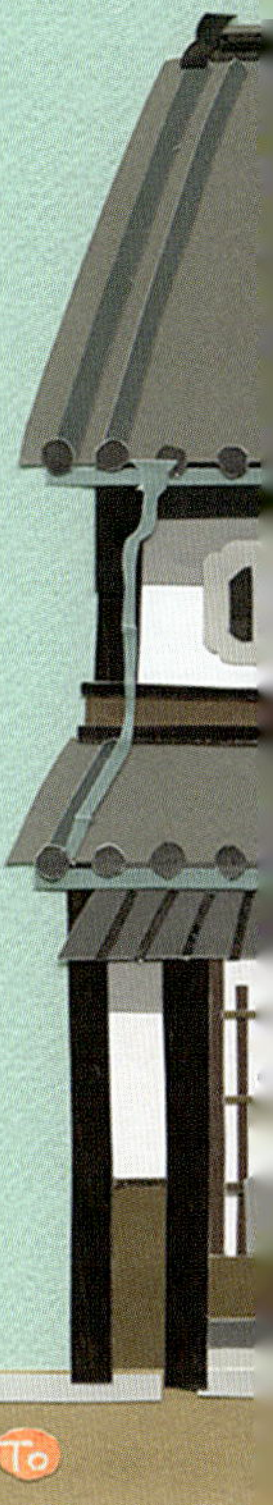

和菓子の老舗。本店（東山区川端通正面角）は、慶応元年（一八六五）の創業であるが、古い町家の面影を残しているのは支店の東店である。東店はもと菓子工場だったが、昭和の終わりに現在の店構えとして整えたものである。

大正時代の和菓子の木型

創業者である初代の藤屋《ふじや》清七《せいしち》は、本来の家業だった旅館業から菓子屋に転向した。きっかけは火事による転業だったが、そもそも当地域は煎餅屋が多かったことにも因っていたという。寺院が多いこの一帯は、お供物として納めていた店が多かったのである。二代目藤屋徳兵衛の時から店を甘春堂と名付け、多くの創作菓子を生み出した。三代目から木ノ下姓を名乗り、木ノ下金次郎は銘菓野菜煎餅「菜々《さいさい》」を作りあげた。金次郎は煎餅を焼くのが好きだったらしく、「せんべい金《きん》」と呼ばれていたという。四代目の木ノ下徳太郎からは上生菓子を作るようになり、寺社に納めるようになった。五代目の木ノ下正《まさ》美《み》の代では、戦後一時製造を中止していたが再開を果たして、現在の六代目である木ノ下善正さんへと引き継がれた。

甘春堂の直営店は、本店・東店・嵯峨野店の三店舗であるが、本店以外は各店舗で菓子を作っている。なお当主の住まいは、今も昔ながらの場所たる本店の地にある。

六代目当主の善正さんはいう。和菓子製造の基本は昔のままだが、デザインが新しくなっている。たとえば、干菓子は小さく高級になってきたとかだ。菓子は時代とともに変化する。だから工夫が必要だと。伝統のうえに革新が必要なのだと力説する姿に感銘した。

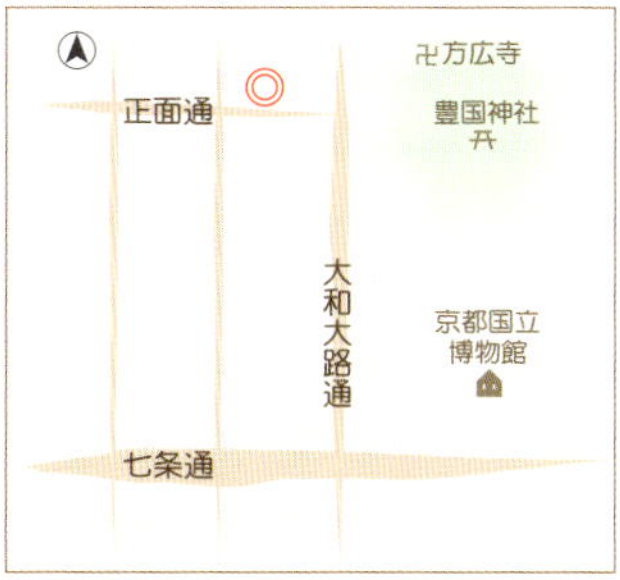

わらじや

☎ 075-561-1290
京都市東山区七条通本町東入る西之門町555
営 11:30〜19:00 休 火 P なし

秀吉のわらじ

鰻ぞうすいの老舗。豊臣秀吉がこの店でわらじを脱いだことに因んで、「わらじや」と命名されたと伝えられる。もとは旅籠を営んでおり、寺社参詣者のための茶店・茶屋としての役割を果たしていたという。

秀吉との出会いを偲ばせる瓢箪の列

　現在の鰻ぞうすいの店となったのは、昭和二十五年（一九五〇）からで、先代の女将の考案である。戦後、物資の乏しい時代にあって、鰻は栄養価が高い食材であるからと考えられたことによる。またぞうすいにこだわったのも、少ない米の量で済むうえ、消化の良い食べ物であったからだという。かくして鰻のぞうすいに焦点を当てた料理に特化するようになって、現在の献立につながった。わらじやの鰻料理とは、鰻のくさみを取り去り、香ばしさを出すなかで鰻本来の旨みを見いだすことにあるという。鰻料理の苦手な人にも食してもらえるよう、工夫されている。もちろん国産鰻を使用しているが、年々高騰するなかでの営業には厳しいものがあるという。

　現在の店構えになってからは、初代の三山口《みやまぐち》里《さと》、二代目の一郎、三代目の政子、そして現在の四代目である美代子さんへと続く。お話をうかがった女将美代子さんの弟であり、料理長の秀治《ひでじ》さんはいう。住まいも共にしている古い建物であるだけに、管理に大変気を遣う。接客については市外の方が多いが、満足していただけるよう日々努力している。ただ、昔とちがって鰻が高級食材になってしまったことが心苦しいと。そのやりくりと伝統の味へのこだわりが、わらじやの評判になっているのだと感じた。

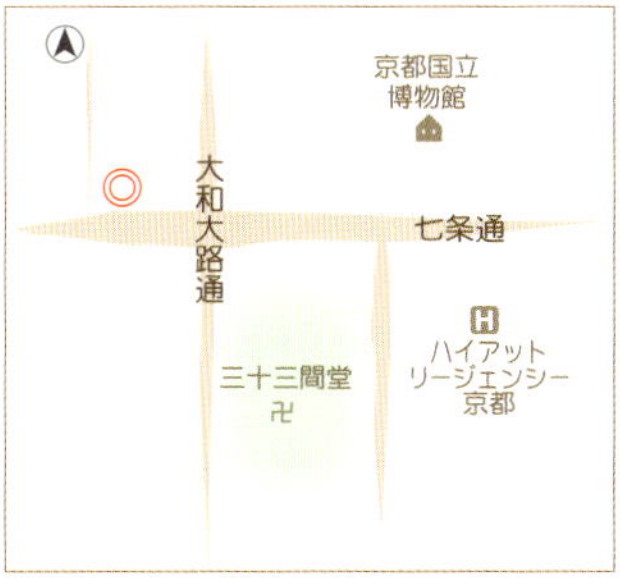

丹嘉《たんか》

☎ 075-561-1627
京都市東山区本町22丁目504
営 9:00〜18:00 休 日・祝 P なし

ここでしか味わえない
伏見人形の歩みの重さ

伏見人形の窯元。創業は寛延年間（一七四八〜五一）といわれており、現在の当主大西時夫さんで七代目。店が建つ伏見街道沿いは古くから賑わいをみせ、土人形の窯元も往時は六〇軒ほどあったが、現在は丹嘉のみとなった。江戸時代の中頃、京都町奉行所が編纂した記録によると、深草には土器師の家屋一五〇軒があったと記す。おそらく彼らの内から土人形が生み出されたのだろう。大西家初代は丹波屋儀十郎で、四代目の嘉助から丹嘉を名乗った。大西姓も明治時代に入った四代目の時より始まる。

ところが明治以降は海外からおもちゃが入ってきたため、人形の受注はすっかり減ってしまったという。また職人として一人前になろうとすると二〇年はかかるため、ますます跡継ぎは減り、ついに丹嘉一軒となった。売れ筋の人形は布袋さんだが、昔は相撲や歌舞伎といった題材のものが良く売れた。当主の大西時夫さんはいう。伏見人形の難しい箇所は、顔と眉毛だと。作り方は全て口伝。原型となる土型は二〇〇〇種もあって、その味や素朴さは全国に広がった。当主の仕事への気迫と普段の優しさが、人形づくりの礎になっているのだと感じた。

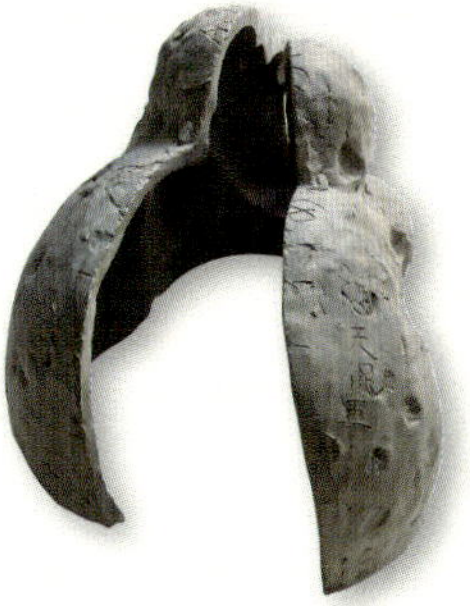

天保五年（一八三四）の制作年が刻まれた布袋さんの土型

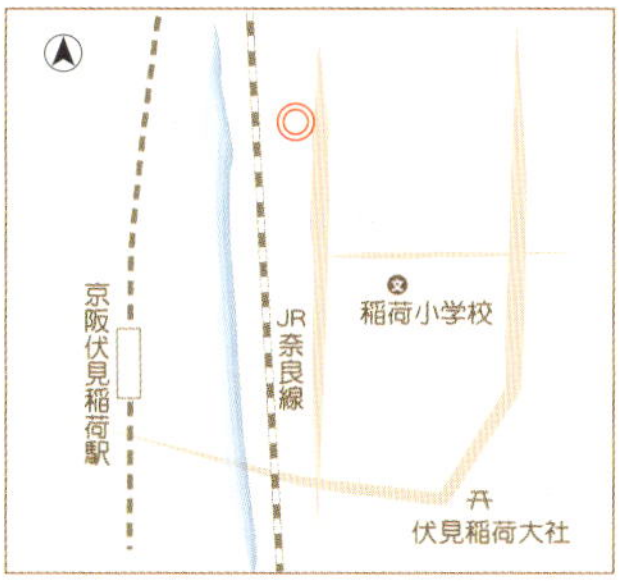

中村軒《なかむらけん》

☎ 075-381-2650
京都市西京区桂浅原町61
営 7:30〜18:00 休 水（祝日は営業） P 10台

「よねまんじゅう」から始まる 桂のお菓子屋さん

和菓子の老舗。創業は明治十六年（一八八三）、初代中村由松《よしまつ》が饅頭屋を始めた。由松には姉米《よね》がおり、姉の勧めがあって開業したことから、当初饅頭は「よねまんじゅう」「よねまん」とも呼ばれた。今も創業以来の饅頭の味として親しまれている「かつら饅頭」の誕生だった。昔からこの辺りは田畑が広がっており、明治から大正の頃までは作業の間食として、お菓子を田畑まで届けていた。農繁期後に代金の代わりに麦を頂戴したところから名付けられたお菓子が、中村軒人気の「麦代餅《むぎてもち》」である。

中村軒の朝は早い。毎朝三時半からかまどに火を入れる。お話しいただいた中村優江《まさえ》さん（当主の奥様）は、店全員の朝食づくりから忙しい一日が始まる。朝七時頃には店を開ける。おじいさん・ご主人・息子さん三代と、職人さんたちが働く。時代とともにお菓子の種類は増えたが、昔ながらの餡はクヌギの薪で炊いている。現在の建物は明治三十七年（一九〇四）のものだが、創業当時の場所で変わることのない味を守ってきた。まごころこもったもてなしは、途切れることのないお客さんを見れば一目瞭然。桂のお菓子屋さんとして輝いていた。

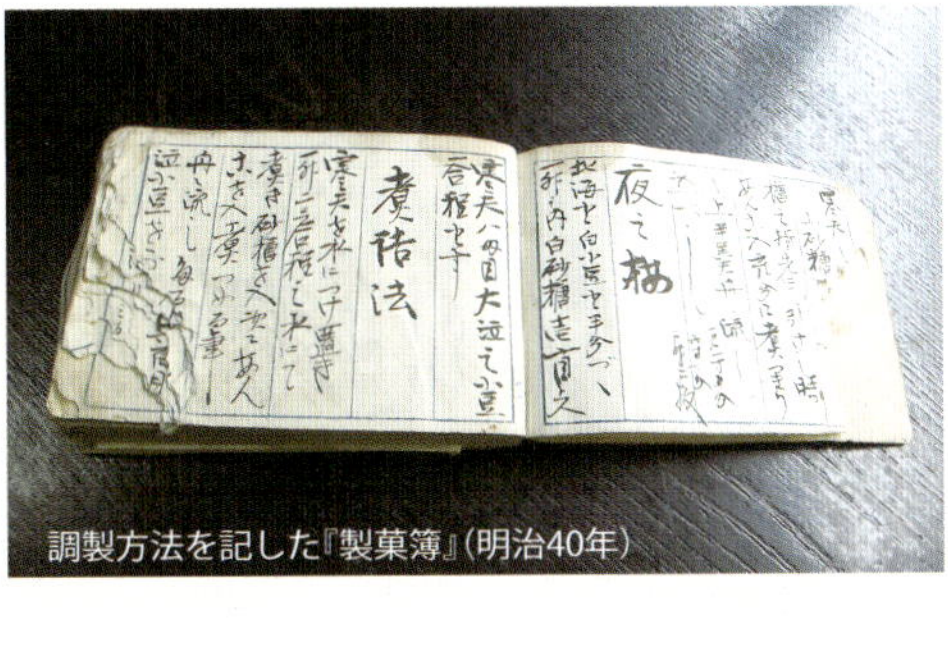
調製方法を記した『製菓簿』（明治40年）

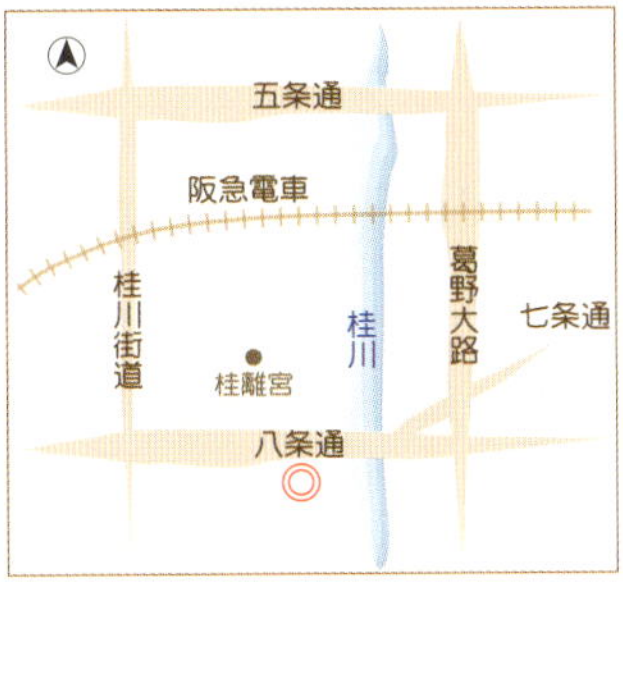

武士から身を起こし、銘酒を生み出す

酒の老舗。寛政三年（一七九一）の創業という。初代の松本治兵衛が、近江の彦根から京都に出てきて酒造を始めた。松本家はもと彦根藩井伊家の家臣の家柄だという。屋号は澤屋だが、これも彦根の佐和山城の佐和にちなむ。

当初より酒造業は東山区弓矢町で行っていたが、大正十二年（一九二三）に伏見の現在地へ移った。昭和二十四年（一九四九）、松本酒造株式会社となる。歴代にわたり澤屋治兵衛を襲名したが、八代目は治平、そして現在の九代目当主は保博さんという。住まいもこの場所だ。

松本酒造の社屋は、伏見の酒蔵を象徴する景観を残していて、京都市景観重要建造物・経済産業省近代化産業遺産に指定されている。

歴史的意匠建造物・景観重要建造物
歴史的風致形成建造物・経済産業省 近代化産業遺産

松本酒造《まつもとしゅぞう》

☎ 075-611-1238
京都市伏見区横大路三栖大黒町7
営 8:00〜17:00（要予約） 休 土・日・祝 P あり

酒造はおいしい純米酒造りに徹しており、したがって米の産地にもこだわっている。また社内の井戸は、仕込み用が一ケ所あって、現在はポンプで汲み上げている。

松本酒造には、ものを大切にする、本物を見極める、先祖を敬う、といった家訓がある。保博さんはいう。日本酒の消費量は、ここ二〇年ほどで三分の一に落ちた。多角経営をしなくてはという状況にあるが、本業以外のものに手を出してはいけないという。伝統の技による銘酒づくりにこそ意味があるのだと。高品質のものが売れるようになって、現在は安定した営業状況にあると説明する。子息二人も跡継ぎとして活躍中だ。伏見の銘酒をいつまでも造り続けて欲しいと思った。

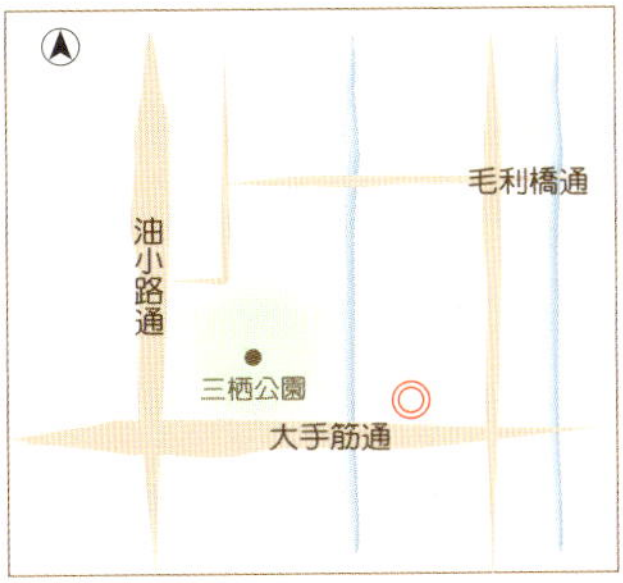

大黒蔵の棟上のようす（大正十二年）

幕末伏見に思いをはせる

資料館的役割も果たす寺田屋の一室

元船宿。寺田屋パンフレットには「坂本龍馬と薩摩九烈士の 今も泊まれる維新の旅籠」と題されている。夕方まで一般見学ができ、夜は宿泊も可能だ。幕末維新期の歴史ファンなら必ず訪れている所である。

当町域は宇治川派流に面した浜地で、貨客の集散地として賑わった。旅籠も多く、なかでも旅籠船宿としての寺田屋は、文久二年（一八六二）に起こった寺田屋事件でも有名なところである。この辺りは現在すっかりと整備されて、伏見旧跡散策ルートの一つとなっている。

現当主の奥様である津幡《つばた》正子《まさこ》さんに応対いただいた。正子さんは鹿児島県の出身で、寺田屋の管理に携わって八年目。この場所で生活もともにしている。日々大勢の方が来られるので、建物の管理や保存が大変とのこと。特に一般見学と宿泊とを兼ねている関係上、午後四時に見学が終了すると、午後六時チェックインまでの間に宿泊者をもてなすための準備にとりかかる。

正子さんはいう。ここで仕事をするようになって、本当に楽しい毎日を過ごしている。いろいろ勉強しているうちに、先人の気持ちがわかるようになってきたと。

寺田屋の部屋には幕末維新関連の資料が展示されているし、楽しいお土産も置いている。伏見という地域を知るうえで、寺田屋に足を踏み入れると必ず満たされたものを感じることとなるだろう。

寺田屋《てらだや》

☎ 075-622-0243
京都市伏見区南浜町263
営 10:00〜16:00 休 月（不定休） P 2台

寺田屋
寺田屋

歴史的風致形成建造物
経済産業省近代化産業遺産

月桂冠《げっけいかん》 旧本社《きゅうほんしゃ》

（現、伏見夢百衆）

☎ 075-623-1360
京都市伏見区南浜町247
営 10:30〜17:00（土日祝18:00まで） 休 月 P あり

地域への貢献
市民に愛される企業のすがた

酒の老舗。寛永十四年（一六三七）の創業。初代の大倉治右衛門が笠置《かさぎ》（京都府相楽郡）から出てきて、現在の本宅地にて酒屋を始めた。屋号は笠置屋で、その符号は現在社章となっている。今は十四代目大倉治彦さんが代表取締役だが、十三代目敬一さんも相談役として活躍する。社名は昭和六十二年（一九八七）、大倉酒造から月桂冠株式会社と改名した。

現存の大倉家本宅は、文政十一年（一八二八）、八代目治右衛門の時に建てられたもので、幕末の鳥羽伏見の戦いの時にも戦火を免れた貴重な建造物だ。大倉家には多くの古文書や酒造用具などが残されており、これらの貴重な文化財は月桂冠大倉記念館にて展示されている。はり絵にされている建物は月桂冠旧本社で、大正八年（一九一九）に建造されて平成五年（一九九三）まで使用していたが、現在は伏見観光協会が喫茶・販売・案内所として活用している。

江戸時代前期から連綿と続く酒造業だが、そこには品質を大切にするという大倉家の言い伝えがあった。明治以降もいち早く科学技術を取り入れ、さらに戦後も努力を重ねて酒造のトップメーカーとなった。応対いただいたのは、総務部広報課長の石田博樹さんと主査の田中伸治さんだ。月桂冠には、「品質第一・創造と革新・人間性の重視」という理念があるという。地域への貢献も忘れない。一流大企業となっても、伏見の老舗としての風格を失わないところに感激した。

ふしみ（伏見）・かさぎや（笠置屋）と書かれた「通い徳利」

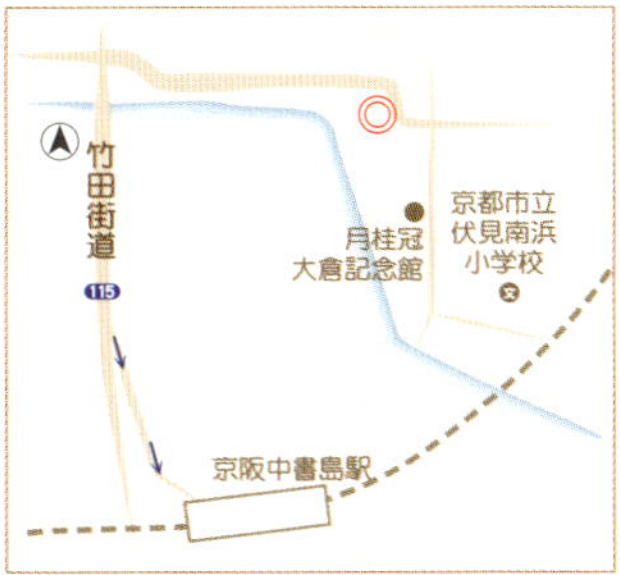

全体地図

① 松野醤油
② ゑびす屋加兵衛
③ 旧吉田屋
④ 帯屋捨松
⑤ とようけ屋
⑥ 丹波屋
⑦ 塩芳軒
⑧ 奥溪家
⑨ 大　市
⑩ 山中油店
⑪ 麩　嘉
⑫ 雨森敬太郎薬房
⑬ 湯波半
⑭ 亀末廣
⑮ 八百三
⑯ 総本家 河道屋
⑰ 竹苞書楼
⑱ 杉本家
⑲ 秦　家
⑳ 田中長奈良漬店
㉑ 上羽絵惣
㉒ 谷川清次郎商店
㉓ 輪違屋
㉔ 亀屋陸奥
㉕ 十二段屋
㉖ 甘春堂 東店
㉗ わらじや
㉘ 丹　嘉
㉙ 中村軒
㉚ 松本酒造
㉛ 寺田屋
㉜ 月桂冠 旧本社

京町家
map
加茂街道
賀茂川
北山通
高野川
川端通
白川通
北大路通
西大路通
千本通
堀川通
烏丸通
今出川通
京都御所
河原町通
東大路通
丸太町通
平安神宮
二条城
二条
三条通
烏丸
四条通
葛大路通
五条通
丹波口
七条通
京都
西大路
桂
九条通
十条通
桂川
京都南IC
竹田
名神高速道路
阪神高速8号京都線
伏見桃山城
桃山御陵前
中書島
桃山
六地蔵
宇治川
1
24
171
JR
阪急
地下鉄
京阪
近鉄

その他の作品

富起屋　（中京区）

梶田織物　（上京区）

嶋 臺　（中京区）

中村藤吉本店（宇治市）

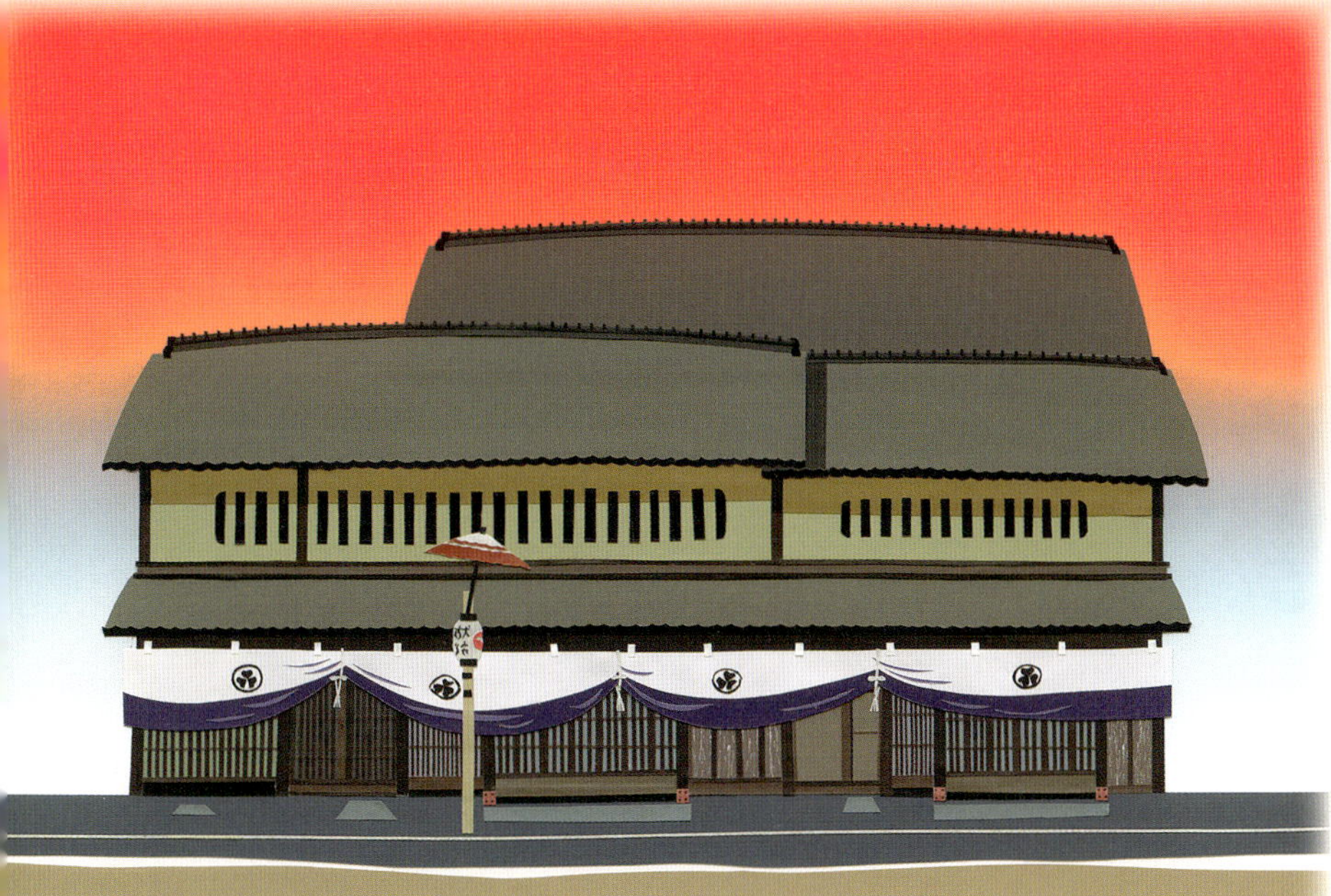

深見家（中京区） ※1996年解体

芦田家　（下京区）

堀野記念館　（中京区）

荒井家　（左京区）

川北家　（中京区）

山本質店　（伏見区）

増田徳兵衛商店　（伏見区）

三十三間堂（東山区）

清水寺（東山区）

あとがき

京町家とはり絵

この四半世紀に亙って、独自の技法によるはり絵を制作してきた。その対象となった町家の多くは、今なお現役として商売や住まいとして使われているところも多く、その佇まいからは、京都の長い文化と歴史の中で受け継がれてきた京の町衆の美意識が息づいている。そのような町家に魅せられて制作をはじめた京町家シリーズは、季刊誌『創造する市民』（京都市生涯学習総合センター発行）に幾度となく掲載していただいた。それらの作品の中から、老舗としていまもなお生き続ける町家を、宇野日出生氏の平明な解説で読み物として載録された。

　京都ではしばらく前から町家がブームとなっている。京都の町家は平安時代を源流とし、江戸時代に原型ができたとされている。幕末の大火で市中のほとんどの建築は焼失し、明治初期に再建されたものもあるが、今現存する町家の多くは大正から昭和に建築されたものである。

いま京町家に人々の関心が集まり、様々な業種の商業店舗町家に再生され活用されているが、本来の町家は職住一体を原則として成り立っており、人が住んでこそ街並みや地域コミュニティが形成されるものである。受け継がれてきた京町家には、暮らしの文化・空間の文化・まちづくりの文化が蓄積されてきた。近年希薄になっている人の繋がりや慣習、しいては人間形成にも、町家の減少が影響を及ぼしているのではないかと思っている。折しもエネルギーに頼らない生活が叫ばれている。盆地特有の蒸し暑い京都、夏の住まいを旨とする町家は究極のエコ住宅で、建築材料も木、竹、土など地産地消で行われてきた。生業と生活が一体となり活気のある京都らしい風情が存続するためにも、一過性の町家ブームだけにしてはならない。

これから先一〇〇年、二〇〇年住み続けることができる町家の減少を食い止めるために、京町家は景観を形成する文化遺産という思いではり絵を制作している。

出版に際しご協力をいただいた宇野日出生氏、宮帯出版社編集部の方々に大いなるご尽力をいただいた。ここに感謝の念を表する次第です。

出井豊二

町家の老舗に思う

思いもかけず、京都の老舗でしかも古い町家のたたずまいを伝えるところに赴き取材し、執筆できるという名誉な仕事をすることができた。京都で歴史の研究に関わる業務、しかも、どちらかといえば文献史料を中心とした調査研究を長年やってきた筆者にとっては、新たなる発見が多い仕事となった。

年々傷んでいく町家を大切にしながら有効利用し、しかもそこで生活と商売を重ねていくということは、実に大変な苦労と努力を要する。このようなことはわかっていても、実際に当事者と面と向かって話をすると、さらに実感が増す。今まで老舗の品を求めに、いち客として所望することはあっても、その品を求めることが目的であり、いわんや奥に潜むもろもろのことまでは、考えたことすらなかった。しかし店側の立場からすれば、老舗であり続けるには、その奥にあるものこそ重要であることは、いうまでもない。

各老舗については、すでに本文中に書き記したつもりだが、読み返してみると短文すぎて、充分に紹介しきれていないことが悔やまれる。でもだからといって、微に入り細に入り書けば良いものとは思わない。老舗と客のつながりの主軸は商品そのものだが、そこにはことばでは言い尽くせないもの、すなわち老舗としての風格が品物にはみごとに表出されている。老舗のもつ独特のかおりが、しっかりと引き継がれ、無言のメッセージが発信されているからだ。取材で感じたのは、その風格やかおりを町家のなかできちんと守り伝える努力を惜しまぬ当主の心意気だった。

京都で歴史研究に携わってきた筆者は、いつかこのような古い町家のなかで老舗を守る方々と会話を交わしてみたかった。私自身もある程度歳を重ねたこともあってか、若干気持ちのうえで落ち着いて話に臨むことができたような気がする。失礼を顧みず、老舗の皆様にさまざまな質問をさせてもらったが、大変丁寧にお答えいただいたことに心から御礼申しあげる次第である。なお場合によっては誤ったことを記していれば、平にお許しいただきたい。

本書は『創造する市民』（京都市生涯学習総合センター発行）に連載していたコラム「はり絵 京の町家」がベースとなっている（当企画は現在も継続中）。当初から出井豊二先生の作品コーナーであったが、途中から筆者の拙文が加わる体裁となった。そしてこのたびの出版のため、新装に加え大幅に加筆を施した。

さて最後になってしまったが、本書出版に際しては企画から取材同行にいたるまで、宮帯出版社専務取締役兼編集部長の勝部智様、また編集では同社編集部の西村加奈子様に大変お世話になった。併せて心より深甚の謝意を表するものである。

宇野日出生

はり絵　**出井豊二**（でい とよじ）

1948年奈良県生まれ。1974年京都市立芸術大学美術専攻科修了。

現在、京都女子大学 家政学部生活造形学科教授。

1992年より京都・東京・大阪・神奈川・岐阜・イギリスなどで個展を多数開催。

著書に『出井豊二作品集』（ふくろう出版）、『出井豊二・はり絵の世界 ―京の町家とkyoはり絵・技法―』（青幻舎）、京都市生涯学習総合センター『創造する市民』に作品を連載中。


一般財団法人日本印刷学会理事、京都市美観風致審議会委員

文　**宇野日出生**（うの ひでお）

1955年滋賀県生まれ。國學院大學大学院 文学研究科日本史学専攻修了。

現在、京都市歴史資料館勤務。

主要著書に『上賀茂のもり・やしろ・まつり』（共編著、思文閣出版）、『八瀬童子 ―歴史と文化―』（思文閣出版、日本図書館協会選定図書）、『神社継承の制度史』（共編著、思文閣出版）などがある。

京都 町家の老舗

2014年4月8日 第1刷発行

著　者　出井豊二・宇野日出生
発行者　宮下玄覇
発行所　株式会社宮帯出版社
京都本社 〒602-8488
京都市上京区寺之内通下ル真倉町739-1
営業 (075)441-7747　編集 (075)441-7722
東京支社 〒102-0083
東京都千代田区麹町6-2 麹町6丁目ビル2階
電話 (03)3265-5999
http://www.miyaobi.com/publishing/
振替口座 00960-7-279886

印刷所　爲國印刷株式会社

定価はカバーに表示してあります。落丁・乱丁本はお取替えいたします。

 ISBN978-4-86366-925-3 C0071